古典文獻研究輯刊

三二編

潘美月・杜潔祥 主編

第 38 冊

南宋戲謔詩校注
（第一冊）

張 福 清 著

國家圖書館出版品預行編目資料

南宋戲謔詩校注（第一冊）／張福清 著 -- 初版 -- 新北市：
花木蘭文化事業有限公司，2021〔民110〕
目 12+190 面；19×26 公分
（古典文獻研究輯刊 三二編；第 38 冊）
ISBN 978-986-518-419-3（精裝）
1. 宋詩 2. 詩話
011.08 110000636

ISBN-978-986-518-419-3

9 789865 184193

古典文獻研究輯刊
三二編 第三八冊 ISBN：978-986-518-419-3

南宋戲謔詩校注（第一冊）

作　　者	張福清	
主　　編	潘美月、杜潔祥	
總 編 輯	杜潔祥	
副總編輯	楊嘉樂	
編　　輯	許郁翎、張雅淋　美術編輯　陳逸婷	
出　　版	花木蘭文化事業有限公司	
發 行 人	高小娟	
聯絡地址	235 新北市中和區中安街七二號十三樓	
	電話：02-2923-1455／傳真：02-2923-1452	
網　　址	http://www.huamulan.tw 信箱 service@huamulans.com	
印　　刷	普羅文化出版廣告事業	
初　　版	2021 年 3 月	
全書字數	687400 字	
定　　價	三二編 47 冊（精裝）台幣 120,000 元	版權所有 · 請勿翻印

南宋戲謔詩校注
（第一冊）

張福清　著

作者簡介

張福清，1968 年生，湖北建始人。現任廣東韓山師範學院文學與新聞傳播學院教授、副院長，雲南大學文學院碩士研究生導師。中國文學地理學會理事、中國韻文學會會員、中國宋代文學學會會員、中國劉禹錫研究會會員。主要從事中國古代文學教學與研究。出版《宋詩導讀》（暨南大學出版社 2012 年）、《宋代集句詩校注》（上海古籍出版社 2013 年）、《八股文彙編》（副主編，嶽麓書社 2014 年）、《宋代集句詩研究》（中國社會科學出版社 2015 年）、《宋代集句詞評注》（暨南大學出版社 2016 年）、《認知潮州》（暨南大學出版社 2018 年）、《北宋戲謔詩校注》（暨南大學出版社 2020 年）等專著和教材。主持教育部人文社科研究規劃基金項目和廣東省哲學社會科學規劃項目各一項，參與國家社科基金項目和省廳重點項目多項。主持廣東省級質量工程項目「漢語言文學卓越教師班」1 項，參與《中國古代文學》精品課程等多項；榮獲廣東教育教學成果獎（高等教育類）二等獎 1 項。在核心和專業期刊上發表論文 40 餘篇。

提　　要

　　本書主要對《全宋詩》《全宋詩訂補》《全宋詩輯補》中的南宋戲謔詩予以彙總整理，從而呈現出戲謔詩的真正價值。其中 10 首以上的詩人有 61 人，他們依次是李綱（70 首）、李擢（18 首）、張綱（10 首）、張守（20 首）、呂本中（34 首）、曾幾（20 首）、郭印（17 首）、王洋（43 首）、鄭剛中（41 首）、李彌遜（21 首）、陳與義（12 首）、釋慧空（12 首）、歐陽澈（22 首）、朱松（20 首）、曹勳（12 首）、劉子翬（10 首）、陳棣（20 首）、黃公度（14 首）、王十朋（67 首）、洪适（17 首）、周麟之（11 首）、韓元吉（27 首）、李流謙（17 首）、姜特立（16 首）、范成大（94 首）、楊萬里（99 首）、周必大（69 首）、朱熹（58 首）、陳造（23 首）、許及之（11 首）、虞儔（30 首）、薛季宣（12 首）、周孚（11 首）、陳傅良（11 首）、樓鑰（31 首）、楊冠卿（10 首）、趙蕃（12 首）、張鎡（24 首）、陳文蔚（16 首）、韓淲（19 首）、劉宰（12 首）、戴復古（15 首）、華岳（12 首）、鄭清之（42 首）、岳珂（15 首）、王邁（13 首）、劉克莊（37 首）、張侃（15 首）、林希逸（21 首）、白玉蟾（14 首）、吳潛（29 首）、方岳（21 首）、釋紹嵩（27 首）、蕭立之（10 首）、舒岳祥（22 首）、方回（46 首）、牟巘（13 首）、陸文圭（15 首）、徐瑞（11 首）、汪永昶（11 首）、馬臻（12 首）。主要把南宋分前中後三個時間段，對南宋各個時期詩人的戲謔詩按詩人出生先後順序收錄並對其人物、名物、制度、典故等作出注釋，對其不同版本的異同作出說明。

本書是韓山師範學院 2020 年校級重點科研項目（文科）「宋代戲謔詩文獻整理與研究」（XS202007）階段性成果。

廣東省哲學社會科學「十三五」規劃2020 年度一般項目「宋代戲謔詩研究」（GD20CZW02）階段性成果。

目

次

第八冊

前　言

　　宋代是中國古代文化高度繁榮的時代，宋詩所達到的與唐詩並駕齊驅的高度，就是這一文化空前繁榮的表徵之一。宋人對自己創造的文化，有高度的自信。朱熹有言：「國朝文明之盛，前世莫及。」〔註1〕王國維言：「天水一朝人智之活動與文化之多方面，前之漢唐，後之元明，皆所不逮也。」〔註2〕陳寅恪說：「華夏民族之文化，歷數千載之演進，造極開趙宋之世。」〔註3〕鄧廣銘亦說：「宋代的文化，在中國整個封建社會歷史時期之內，載至明清之際的西學東漸的時期為止，可以說，已經達到了登峰造極的高度。」〔註4〕以詩文建構為主體大廈的宋代文化，彌漫著一股濃重的戲謔之風，但歷來少有人關注。

　　我們從斷代總集《全宋詩》《全宋詩訂補》《全宋詩輯補》〔註5〕中共輯錄4270首戲謔詩。這些具有戲謔之風的詩歌，北宋有1660首6聯4句，其中10首以上詩歌的有44位詩人。他們是王禹偁（20首）、釋智圓（15首）、宋庠（10首）、梅堯臣（40首）、文彥博（13首）、歐陽修（30首）、韓琦（13

〔註1〕朱熹：《楚辭集注》之《楚辭後語》卷六《服胡麻賦》，上海：上海古籍出版社，1979年版，第300頁。

〔註2〕王國維：《王國維遺書》第五冊，上海：上海古籍書店，1983年版，第70頁。

〔註3〕陳寅恪：《金明館叢稿二編》，臺灣：里仁書局，1981年版，第245頁。

〔註4〕鄧廣銘：《鄧廣銘學術論著自選集》，北京：首都師範大學出版社，1994年版，第162頁。

〔註5〕北京大學古文獻研究所：《全宋詩》第1～72冊，北京：北京大學出版社1991～1998年版。陳新、張如安等補正：《全宋詩訂補》，鄭州：大象出版社，2005年版。湯華泉輯：《全宋詩輯補》，合肥：黃山書社，2016年版。

首）、文同（17 首）、劉敞（42 首）、司馬光（33 首）、王安石（27 首）、鄭獬（10 首）、強至（22 首）、劉攽（14 首）、沈遘（10 首）、徐積（10 首）、程顥（12 首）、韋驤（12 首）、蘇軾（110 首 3 聯 1 句）、蘇轍（42 首）、彭汝礪（15 首）、孔平仲（43 首）、李之儀（11 首）、黃庭堅（187 首 1 斷句）、米芾（10 首）、陳師道（13 首）、晁補之（12 首）、張耒（28 首）、晁說之（35 首）、鄒浩（33 首）、毛滂（12 首）、洪朋（11 首）、饒節（33 首）、謝逸（27 首）、趙鼎臣（30 首）、唐庚（11 首）、釋德洪（41 首）、葛勝仲（11 首）、李彭（56 首）、張擴（19 首）、程俱（66 首）、李光（38 首）、韓駒（25 首）、周紫芝（41 首）。排名前 10 位的分別是黃庭堅、蘇軾、程俱、李彭、孔平仲、蘇轍、劉敞、釋德洪、周紫芝、梅堯臣，其中大部分是當時著名詩人。南宋戲謔詩一共有 2610 首 39 聯 3 句，其中 10 首以上詩歌的有 56 位詩人：他們是李綱（70 首）、張綱（10 首）、張守（20 首）、呂本中（34 首）、曾幾（20 首）、郭印（17 首）、王洋（43 首）、鄭剛中（41 首）、李彌遜（21 首）、陳與義（12 首）、釋慧空（12 首）、歐陽澈（22 首）、朱松（20 首）、劉子翬（10 首）、陳棣（20 首）、黃公度（14 首）、王十朋（67 首）、洪适（17 首）、周麟之（11 首）、韓元吉（27 首）、李流謙（17 首）、姜特立（16 首）、陸游（500 首）、范成大（94 首）、楊萬里（99 首）、周必大（69 首）、朱熹（58 首）、陳造（23 首）、虞儔（30 首）、薛季宣（12 首）、周孚（11 首）、陳傅良（11 首）、楊冠卿（10 首）、張鎡（24 首）、陳文蔚（16 首）、韓淲（19 首）、劉宰（12 首）、戴復古（15 首）、度正（10 首）、華岳（12 首）、鄭清之（42 首）、岳珂（15 首）、王邁（13 首）、劉克莊（37 首）、張侃（15 首）、林希逸（21 首）、白玉蟾（14 首）、吳潛（29 首）、釋紹嵩（27 首）、蕭立之（10 首）、舒岳祥（22 首）、方回（46 首）、牟巘（13 首）、徐瑞（11 首）、汪永昶（11 首）、李擢（15 首）。其中排名前 10 位的是南宋著名詩人陸游、楊萬里、范成大、周必大、李綱、王十朋、朱熹、方回、鄭剛中、鄭清之。這些詩人之中，前賢已有校注或箋注整理成果的只有黃庭堅、蘇軾、周紫芝、梅堯臣、陸游、楊萬里、范成大、朱熹等少數大家、名家，其餘基本無人箋釋校注，而那些中小詩人乃至無名詩人的詩歌更是無人問津。因此，還留有很大的研究空間，有必要對戲謔詩進行全面的文獻梳理。

一、「戲謔詩」的命名緣由

　　為什麼目為「戲謔詩」？第一，《詩經·衛風·淇奧》曰：「善戲謔兮，不為虐兮。」〔註6〕「戲謔」一詞最早出現在《詩經》中，比出現在漢代典籍中的「俳諧」一詞要早。第二，六朝時期文論之集大成，劉勰的《文心雕龍》文體分類中有「諧隱」，即詼諧、戲謔之意。其贊曰：「古之嘲隱，振危釋憊；雖有絲麻，無棄菅蒯。會義適時，頗益諷誡；空戲滑稽，德音大壞。」〔註7〕雖然對「戲謔」一類評價不高，但「諧隱」「嘲隱」「空戲滑稽」之意與「戲謔」一詞最為接近。第三，唐白居易原本、宋孔傳續撰《白孔六帖》目錄分類有「寢、遊俠、故舊、恤孤、戲謔、笑、喜、怒」等，「戲謔」類下又分：「滑稽好戲、頻伸諧戲、詔學士嘲之」等〔註8〕，也持「戲謔」之目。第四，更多的宋代文獻皆以「戲謔」作為分類標準。宋趙希弁撰《郡齋讀書志附志》云：「《能改齋漫錄》二十卷。右吳曾虎臣所纂也。曰事始、曰辨誤、曰事實、曰沿襲、曰地理、曰議論、曰記詩、曰紀事、曰記文、曰類對、曰方物、曰樂府、曰神仙詭怪、曰詼諧戲謔，一一載之。」〔註9〕雖然我們今天已看不到「詼諧戲謔」類，但從《四庫全書總目》提要中可窺一斑：「而諸家傳本或分卷各殊，或次序顛倒，或並為十五卷，或以第十一卷分作兩卷而並第九捲入第八卷內，或無謹正一類而併入記事類中，或多類對一門、詼諧戲謔一門，蓋輾轉繕錄，不免意為改竄，故參錯百出，莫知孰為原帙也。」〔註10〕宋徐度《卻掃編》、宋曾慥《高齋漫錄》、無名氏《滑稽小傳》、宋陳日華《談諧》，還有宋王欽若等撰《冊府元龜》「總錄部」分「詼諧、庾詞」、《淵鑒類函》「人部五十八」分「嘲戲」五部分、宋祝穆撰《古今事文類聚》別集「性行部」分滑稽（嘲謔同）等，均可看出宋人心目中是以「詼諧」「嘲戲」「戲謔」「滑稽」為同一體類。「宋程子《遺書》曰：『戲謔不唯害事，兼亦志為氣所動，不戲謔是持志之一端。』張橫渠《東銘》曰：『戲言出於思也，戲動作於謀也，發於聲

〔註6〕程俊英譯注著：《詩經譯注》，上海：上海古籍出版社，2014 年版，第 74 頁。
〔註7〕劉勰著，范文瀾注：《文心雕龍》，北京：人民文學出版社，1958 年版，第 272頁。
〔註8〕（唐）白居易原本，（宋）孔傳續撰：《白孔六帖外三種》，上海：上海古籍出版社，1992 年版。
〔註9〕（宋）吳曾撰，中華書局上海編輯所編輯：《能改齋漫錄》（上、下），北京：中華書局，1960 年，第 596 頁。
〔註10〕（清）紀昀等：《四庫全書總目》，北京：中華書局，1965 年版，第 1018 頁。

見於四支，謂非己心不明也，欲他人已從不能也。」〔註11〕理學大家朱熹《詩序》卷上云：「《山有扶蘇》刺忽也，所美非美。」《序辨》曰：「然此下四詩（按：《捧兮》、《狡童》、《褰裳》、《豐》）及《揚之水》，皆男女戲謔之詞。序之者不得其說而例以為刺忽，殊無情理。」〔註12〕理學家朱熹、張載所言皆為「戲謔」。這在詩話中也有反映，《許彥周詩話》云：「黃魯直愛與郭功甫戲謔嘲調，雖不當盡信。至如曰公做詩費許多氣力做甚，此語切當大有益於學詩者，不可不知也。」〔註13〕但「戲謔詩」的地位一直不高，正如戴復古《戲題詩稿》所云「時把文章供戲謔，不知此體誤人多」，〔註14〕往往被人認為非正體，不被學者所重視。明吳訥《文章辨體序題·雜體》說得更明白：「昔柳柳州讀退之《毛穎傳》有曰『善戲謔兮，不為虐兮』，學者終日討說習復，則罷憊而廢亂，故有息焉遊焉之說，譬諸飲食，既『薦味之至者，而奇異苦鹹酸辛之物，雖蜇吻裂鼻，縮舌澀齒，而咸有篤好之者，獨文異乎？』予於是而知雜體之詩蓋類是也。然其為體，雖各不同，今總謂之雜者，以其終非詩體之正焉。」〔註15〕正因為其為非正體，歷來詩評家們很少把它納入詩學研究的範疇來觀照。第五，戲謔與俳諧不是同一個概念，它們是有區別的。清代編纂《全唐詩》，其中專設「諧謔詩」類，輯有近二百首詩歌。詩題中大多含有有「戲」「嘲」「誚」「謔」等字樣，但並未收杜甫的《戲作俳諧體遣悶二首》與李商隱的《俳諧》詩，足見編者對「戲謔」與「俳諧」有嚴格的區分。李靜對「俳諧詞」與「戲作」詞所作的明確界定應該為我們提供了參考。其云：「俳諧詞的核心是詼諧、幽默，而與詼諧、幽默相表裏的，應該是在語言風格上，俳諧詞常與淺近通俗甚或俚俗的語言相伴，而在手法上則以隱喻、反諷等為介質。……所謂的『戲作』，其核心在於『戲』，所謂的『戲』，即遊戲或戲弄，究其實質，則是一種和嚴肅、認真相對的態度，即戲弄或開玩笑。而俳諧詞則不同，俳諧詞在展現其詼諧幽默的同時，有時還帶有諷喻、譏刺的

〔註11〕張文治編：《國學治要》，北京：北京理工大學出版社，2014年版，第1035頁。

〔註12〕（宋）朱熹：《詩集傳》，《朱子全書》本，上海：上海古籍出版社，合肥：安徽教育出版社，2002年，第364頁。

〔註13〕（宋）許顗著：《許彥周詩話》，北京：商務印書館，1939年版，第12～13頁。

〔註14〕吳茂雲校注：《戴復古全集校注》，北京：中國文史出版社，2008年版，第272頁。

〔註15〕（明）吳訥著：《文章辨體序題》，北京：人民文學出版社，2016年版，第313頁。

意味。」〔註16〕這裡的「戲作」便是「戲謔」中的一種。基於以上五點認識，我們取「戲謔詩」的概念，應該是比較符合宋代文學乃至整個古代文學的時代特徵與歷史氛圍的。

二、宋代戲謔詩文獻整理的價值

（一）補充已有箋釋校注之不足

宋代戲謔詩文獻整理應該在在吸收最新箋釋校注成果基礎上，重新梳理宋代詩人的交遊及生平事蹟基礎文獻，讓無人關注的問題得到關注，讓模糊的問題變得更加清晰，為專業研究者提供參考。在歐陽修的 30 餘首戲謔詩中，有一首《戲石唐山隱者》，原本題注：「熙寧□年。」留下了一個空格。劉德清等《歐陽修集編年箋注》編年：「熙寧元年知青州時作。」〔註17〕丁功誼則認為「此詩作於熙寧五年初秋，時退居潁州。」〔註18〕王水照，崔銘著《歐陽修傳》附錄一「歐陽修生平創作年表」亦作「熙寧五年」詩人臨終前的作品。〔註19〕詩歌編年上就出現了不同的年代，那麼此詩到底作於何年，隱者為誰？經文獻梳理，石唐山隱者，即嵩山少室緱氏嶺石唐山紫雲洞道士許昌齡。治平四年秋，歐陽修知亳州時，結識了嵩山道士許昌齡，作有《贈隱者》詩。宋葛立方《韻語陽秋》卷一二：「（歐）公集中載許道人、石唐山隱者、皆昌齡也。」「所謂《石唐山人》詩，乃公臨終寄許之作也。」〔註20〕通過梳理，詩歌創作的時間和人物就基本清晰明。再如韓琦《使回戲成》：「專對慚非出使才，拭圭申好斂旌回。禮煩偏苦元正拜，戶大猶輕永壽杯。欹枕頓無歸夢擾，據鞍潛覺旅懷開。明朝便是侵星去，不怕東風拂面來。」作於寶元二年（1039）。《遼史・興宗紀》：「（重熙）八年春正月壬辰朔，宋遣韓琦、王從益來賀。」重熙八年，宋寶元二年。其中「禮煩」句有自注：「虜（原作虛，據四庫本改）廷元日拜禮最煩。」《遼史・禮志》四則有詳細記載：「宋使見皇帝儀：宋使賀生辰、正旦，至日，臣僚昧爽入朝，使者至幕次，奏『班齊』，聲

〔註16〕李靜：《宋代「戲作」詞的體類及其嬗變》，北京大學學報（哲學社會科學版），2014 年第 5 期，第 70～77 頁。

〔註17〕劉德清等：《歐陽修集編年箋注》（1），成都：巴蜀書社，2007 年版，第 371 頁。

〔註18〕丁功誼，劉德清編著：《歐陽修詩評注》，南昌：江西人民出版社，2012 年版，第 325 頁。

〔註19〕王水照，崔銘著：《歐陽修傳》，天津：天津人民出版社，2013 年版，第 373 頁。

〔註20〕（宋）葛立方：《韻語陽秋》，北京：中華書局，1985 年版，第 93～94 頁。

警，皇帝升殿坐。宣徽使押殿前班起居畢，卷班出，契丹臣僚班起居畢，引應坐臣僚上殿，就位立；其餘臣僚不應坐者，並退於北面侍立。次引漢人臣僚北洞門入，面殿鞠躬。舍人鞠躬，通某官某以下起居，皆七拜畢，引應坐臣僚上殿，就位立。引首相南階上殿，奏宋使並從人榜子，就位立。臣僚並退於南面侍立。教坊人，起居畢，引南使副北洞門人，丹墀內面殿立。閣使北階下殿，受書匣，使人捧書匣者跪，閣使絡笏立，受於北階。上殿，欄內鞠躬，奏『封全』訖，授樞密開封。宰相對皇帝讀訖，舍人引使副北階上殿，欄內立。揖生辰大使少前，俯伏跪，附起居。俯伏興，復位立。大使俯伏跪，奏訖，俯伏興，退；引北階下殿，揖使副北方，南面鞠躬。舍人鞠躬，通南朝國信使某官某以下祗候見，起居，七拜畢；揖班首出班，謝面天顏，舞蹈，五拜畢；出班，謝遠接、御筵、撫問、湯藥、舞蹈。五拜畢，贊各祗候。引出，歸幕次。閣使傳宣賜對衣、金帶。勾從人以下入見。舍人贊班首姓名以下，再拜；不出班，奏『聖躬萬福』，贊再拜，稱『萬歲』。贊各祗候。引出。舍人傳宣賜衣。使副並從人服賜衣畢，舍人引使副入，丹墀內面殿鞠躬。舍人贊謝恩，拜，舞蹈，五拜畢，贊上殿祗候。引使副南階上殿，就位立。勾從人人，贊謝恩，拜，稱『萬歲』。贊『有敕賜宴』，再拜，稱『萬歲』。贊各祗候。承受官引北廊下立。御床入，大臣進酒，皇帝飲酒。契丹舍人、漢人閣使齊贊拜，應坐並侍立臣僚皆拜，稱『萬歲』。贊各祗候。卒飲，贊拜，應坐臣僚皆拜，稱『萬歲』。贊各就坐行酒，親王、使相、使副共樂曲。若宣令飲盡，並起立飲訖。放盞，就位謝。贊拜，並隨拜，稱『萬歲』。贊各就坐。次行方茵地坐臣僚等官酒。若宣令飲盡，贊謝如初。殿上酒一行畢，贊廊下從人拜，稱『萬歲』。贊各就坐。蓮傳宣令飲盡，並拜，稱『萬歲』。贊各就坐。殿上酒三行，行茶、行肴、行膳。酒五行，候曲終，揖廊下從人訖，贊拜，稱『萬歲』。贊各祗候，引出曲破，臣僚並使副並起，鞠躬。贊拜，應坐臣僚並使副皆拜，稱『萬歲』贊各祗候。引使副南階下殿，丹墀內舞蹈，五拜畢，贊各祗候。引出，次日眾臣僚下殿出畢，報閣門無事。皇帝起，聲蹕。」〔註21〕這些文獻為研究宋遼兩國歷史提供了詳實的可靠的佐證材料。又如祖無擇《誚王安石乞分司西京避讒而去因以述懷》：「割斷攀緣宰相權，憂危爭似我身全。試觀竿上拋生體，且擬波中戲釣船。名利不求還獨樂，是非莫辨祗高眠。何當對景幽堂坐，更得閒吟度百年。」其標題注釋云：《宋史·祖無擇傳》：「尋復光祿卿、秘書監、

〔註21〕（元）脫脫等撰：《遼史》，北京：中華書局，1974年版，第847～848頁。

集賢院學士，主管西京御史臺，移知信陽軍，卒。」祖無擇起復在熙寧八年十一月。《續資治通鑑長編》卷二七〇云：熙寧八年「十一月己未朔，復光祿卿、提舉崇福宮祖無擇為秘書監、集賢院學士」。《龍學始末》云：「不幸值安石專政，司馬君實堅辭求出，公慨然乞分司提舉西京御史臺。」熙寧三年王安石專政時，司馬光、富弼均堅辭求出。祖無擇也慨然祈分司西京御史臺，並作《諝王安石乞分司西京避讒而去因以述懷》以明志。〔註22〕通過這些材料的梳理，我們可知祖無擇與王安石之間的微妙關係，為研究北宋詩人提供了不可或缺的資料。

　　楊萬里《戲作司花謠呈詹進卿大監郎中》，根據于北山《楊萬里年譜》，詩題中的「詹進卿」注云：「《宋史》《萬姓統譜》《兩浙名賢錄》《宋史翼》《會稽續志》《紹興府志》《浙江通志》均無傳。《宋詩紀事》亦僅著里貫科名。事蹟不詳。按：《南宋館閣續錄》卷八：『詹騤，字晉卿。會稽人。淳熙二年進士及第。治詩賦。（淳熙）九年六月除（著作郎）；十年四月為將作少監。』按，《寧國府志》（嘉慶十二年、民國石印本）卷二《職官表》：知淳熙十三年曾知寧國府。亦無傳。」〔註23〕薛瑞生《誠齋詩集箋證》：「詹進卿，詹騤，字晉卿，會稽人，一作遂安人。淳熙二年進士第一，官至中書舍人，龍圖閣學士知寧國府。有文聲。宋人名字所用字常常同音混寫，且詩中有句『鼇頭』，此卷後《送詹晉卿大監出宣城》詩中又有『今代稽山賀子真』句，籍里、仕履完全相同，為詹騤無疑。」〔註24〕通過梳理，知詹騤，字晉卿，詹林宗子。楊萬里將「晉」誤寫為「進」。其人歷中書舍人，仕至龍圖閣學士、知寧國府。再如南宋詩文大家周必大《小詩戲王駒甫請來早轉喬布威德源得善彥和志伯西美粹夫及愚卿兄弟共不託一杯已有定例不設他味》，詩題自注：「己未九月二十八日。」即慶元五年（1198）。詩題中人名無注，今可補注：伯威：歐陽鈇，字伯威，號寓庵，廬陵縣永和（今吉安縣永和鎮）人。其族與歐陽修同系，歐陽詢為其祖。歐陽鈇力承家學，博通古文，善屬文，尤長於詩詞。宋趙與虤《娛書堂詩話》卷下載：「廬陵歐陽伯威鈇少與周益

〔註22〕傅璇琮主編；祝尚書本卷主編：《宋才子傳箋證》（北宋前期卷），瀋陽：遼海出版社，2011年版，第576頁。

〔註23〕于北山著：《楊萬里年譜》，上海：上海古籍出版社，2006年版，第289～290頁。

〔註24〕（南宋）楊萬里著；薛瑞生校證：《誠齋詩集箋證》，西安：陝西出版集團、三秦出版社，2011年版，第1335頁。

公同場屋，連戰不利，遂篤意於詩。」周必大「愛其文行，稱之曰『奇士』」（楊萬里《歐陽伯威脞辭集序》），拜右相後，幾次邀他出仕，他謝曰：「使我數口無饑，差可卒歲，奈何以虛名自煩苦乎？」遂以詩文自娛，以授徒為業，老於鄉里。王庭珪、楊萬里等對其詩極為推崇。胡銓曾對其所作《遇讒詞》《蜂螫蜘蛛賦》讚不絕口，惜今已不傳。德源：葛溼，字德源，其高祖葛詠從常州遷至廬陵。其叔祖是著名學者葛敏修。葛溼四歲而孤，十一歲母亡，隨伯父生活，也曾與周必大一同參加過吉州解試，但未能中第，其後在廬陵授徒著書。周必大退休後與歐陽鈇、葛溼過從甚密。得善：即李少育。彥和：李靚（1110～1140），字彥和。吉州龍泉（今江西遂川）人，紹興初，走淮南，以策幹都督張浚。張浚奇之，使隸淮西總管孫暉麾下，後累功授承信郎。金歸宋河南、陝西之地，乃隨孫暉進駐西京洛陽。紹興十年（1140），金將翟將軍率軍攻西京，李靚揮師迎敵，俘翟將軍，遂乘勝逐北。遭遇金軍主力，戰死。周必大亦有《忠義李君傳》明確記載三十歲戰死。此彥和據李靚 58 年，因此，此詩紀年應該是 1148 年才對。徐浩：字志伯，朱熹知舊門人，與朱熹書信往來問答。西美：江珌。此條注將文獻所載的人物均注明，文獻不載者則用不詳說明。再如陳棣《使君饋食戲少蒙教授》詩題中的「少蒙教授」今可補注為：少蒙：尤著（1105～？），字少蒙，無錫（今江蘇無錫）人，輝子。年二十八，登紹興二年進士第。歷太學錄、博士、宗正簿、兵禮二部郎中、太子詹事，官至權工部侍郎。致仕後徙居鵝湖西僑里，因號西僑居士。見《萬柳溪邊舊話》。馮山《戲謝趙良弼寄薏苡山藥》一詩中的「趙良弼」：一般未作注釋。胡宿《文恭集》卷十八有《趙良弼自豐州刺史除撫州刺史制》，疑其當為馮山所謝之人，但不知為何人。經文獻查證，「趙衮（生卒年不詳），字良弼，籍貫不詳。馮山有《和果倅趙衮良弼平江亭》《送趙良弼知廣安軍》等詩。詩云『楚人自古多材雄，江陵故都當其胸。人物蕭爽馳英風，良弼崛起聲其中』，推知其為江陵人。又有『拏舟向蜀防涪潼，嘉陵一曲城古充』句，可知曾宦果州、廣安軍等蜀地。」〔註25〕知趙良弼，即趙衮，江陵人。曾知果州，廣安軍。可補注釋文獻之不足。如此等等，凡是可弄清的人物，吸收最新研究成果，一一注釋清楚，為專業研究閱讀者提供方便。

〔註25〕伍聯群：《略論蜀人馮山的交遊及其詩歌》，《綿陽師範學院學報》，2018 年第 4 期，第 77 頁。

　　另外，在戲謔詩文獻梳理中還可補《全宋詩》小傳之不足。曹輔、洪朋、趙鼎臣、張繼先《全宋詩》小傳均無生卒年。根據相關文獻，可補曹輔「1034～1092」，洪朋「1072～1109」，趙鼎臣「1071～1124」，張繼先「1092～1127」，又字道正，號翛然子。

（二）糾正已有校注箋注之誤

　　宋代戲謔詩文獻整理應該在在吸收現今箋釋校注成果的基礎上，糾正以往箋釋校注中的錯誤。如從《全宋詩輯補》第 611 頁輯錄的李覯《嘲蔡君謨妓宴上陳烈逃席》：「七閩山水掌中窺，乘興登臨到落暉。誰在畫簾沽酒處，幾多鳴櫓趁潮歸。晴來海色依稀見，醉後鄉心積漸微。山鳥不知紅粉樂，一聲檀板便驚飛。」李覯詩在《全宋詩》第 4291 頁。按此詩：《宋詩紀事》卷一九李覯題作《望海亭席上作》，內容全同，只是標題不一樣。在注釋時標示出來，就避免混淆。再如《司馬溫公集編年箋注》卷四有《寶鑑貽開叔》，卷一二有《和任開叔觀福嚴院舊題名》，卷一三有《又和開叔》。其中，作於熙寧六年末在洛陽提舉嵩山崇福宮時的《又和開叔》詩：「寒梅犯雪榮，大隱久專名。異種生江渚，何年到洛城？色如虛室白，香似主人清。向使吳兒見，不思蓴菜羹。」而《司馬溫公集編年箋注》云：「姓任，任布居於洛陽時，其子任達隨侍，或是任達的字，亦或是溫公在洛陽結識的退居舊吏。」〔註26〕其箋注有誤。這在邵雍戲謔詩《依韻和王安之少卿見戲安之非是棄堯夫吟》（安之殊不棄堯夫，亦恐傍人有厚誣。開叔當初言得罪，希淳在後說無辜。悄然情意都如舊，劃地杯盤又見呼。始信歲寒心未替，安之殊不棄堯夫。）詩中的人名注中得到糾正。其「開叔」注云：任達，字開叔〔註27〕。還可從《巴蜀佛教碑文集成》「宋千佛崖題名七則」中得到證實，其中第四則：「本路轉運使、光祿卿楊寧道卿，轉運判官、太常少卿石輅君乘，提點刑獄、尚書祠部郎中任達開叔。治平四年丁未四月十九日，會別利州大雲寺。」〔註28〕這樣司馬光集箋注中存在的問題就得到糾正。

〔註26〕（宋）司馬光著：《司馬溫公集編年箋注》（2），成都：巴蜀書社，2009 年版，第 394 頁。

〔註27〕魏崇周著：《邵雍文學思想研究》，鄭州：中州古籍出版社，2009 年版，第 209 頁。

〔註28〕龍顯昭主編：《巴蜀佛教碑文集成》，成都：四川出版社，2004 年版，第 91 頁。

南宋楊萬里《問塗有日戲題郡圃》:「今年郡圃放遊人,懊惱遊人作撻春。到得老夫來散策,亂吹花片總成塵。商量歲後牢關鎖,拘管風光屬病身。造物嗔儂先遣去,遣儂儂去不須嗔。」詩中「撻春」一詞今人誤注為「『踏春』之誤」,其實,「撻春」就是立春。立春亦稱之「打春」「撻春」,是因為立春祀典中有一項鞭打春牛的重要民俗活動。《海城縣志》:「舊俗:先立春一日,守土官率屬迎春於東郊,頒分時刻,公服祭勾芒神。……翌日清晨,縣官復率屬至東郊春廟前,鞭牛三匝,名曰『打春』。」《瀨州志》:「立春時,詣神行禮畢,鼓吹以鞭土牛,遂磔焉。俗謂之『撻春』。《誠齋詩集箋證》的誤注通過民俗學文獻的梳理可以還原「『撻春』,應為『踏春』之誤。」再如周必大《十月十七日大椿堂小集胡從周季懷以予目疾皆許送白酒彌旬不至戲成長韻》詩題中的「胡從周季懷」,一般注者認為是同一人,季懷是胡從周之字。其實,胡從周:周必大《奏事錄》云:「(乾道六年)己亥,早赴清都觀、正法寺,開啟天中節。清都本甘真人之舊宅云。遞中接收閩憲信札。午後,胡從周參議來自隆興。晚,赴李令會。清擬堂舊有華亭,今存遺址。」周必大《歸廬陵日記》:「李儀之、馬君壽永之、胡從周鎬皆致來禽,其致羊酒者皆卻之。巳時赴州會,退而解舟。聶贛縣詔寬之及丞簿尉送別數里外。丞即從周,簿姓曾,名三復,皆吉州人。」以上文獻可知,胡鎬(生卒不詳),字從周,號文岡,吉州(今水田鄉孔家巷村)人。胡銓從弟。靖康元年(1126)鄉試中舉,十九年後,即紹興十五年(1145)中進士,受朝奉郎。歷任朝列大夫、湖南參議。皇上賜金魚袋。《全宋文》卷四三三一胡銓《饒州進士胡鎬母李氏墓誌銘》題後注云:「按此胡鎬非胡銓從弟胡鎬。」《新宋學》之《論宋代吉州地域文化的發展》一文云:「四世胡仔、胡宗古、胡銓、胡鎬、胡鑄;五世胡昌齡(長彥)、胡箕(斗南)、胡籍(季文)、胡泳、胡澥、胡浹、胡洤、胡沖、湖渙(季享)、胡從周(季懷)」四世的「胡鎬」與五世的「胡從周(季懷)」實為同一人,而誤以為胡從周,字季懷,其實,季懷是胡維寧之字。這應該是從周必大詩題「胡從周季懷」致誤。朱熹有一首《戲贈勝私老友》詩,題中的「勝私」注為:勝私:陳克己,字勝私。此詩末自注:「勝私先侍講嘗著《農書》三卷。」即陳勝私之父著《農書》三卷。今考《朱文公文集》卷九《詩送碧崖甘叔懷遊盧阜(三首)》跋文稱:「有陳勝私在九疊屏下田舍」云云,則知其人陳姓。時隱居廬山農耕。其父北宋末或南宋初曾任「侍講」。檢點校本《朱熹集》人名索引,知此人乃陳克己。核束景南《朱熹年譜長編》卷上略同,並注出陳克己

字勝私的史料依據，皆是。但有注者未注意朱子詩注中「先侍講」三字，誤斷為「勝私」又名「勝私先」。樓鑰（1137～1213）《攻媿集》卷六十二《回陳勝私先輩（屺）啟》亦云：「父書素讀，天分更高。」「古事今事，問無不知；儒家道家，應皆如響。」可見其為飽學之士，年齡比樓鑰略大，又稱其人乃陳秀公（升之）裔孫而侍講之子。其父侍講與樓鑰仲舅30餘年前為交遊，而與樓鑰則失之交臂，緣慳一面。今幸與其哲嗣勝私定交，兩人也堪稱世交，故以「先輩」稱之。顯然，樓鑰文中的陳勝私與朱熹詩文中所及乃同一人無疑。但令人費解的是其名卻為陳屺，當然古書豎寫，有可能「屺」乃「克己」兩字之形近而訛；另一種可能是其原名克己，後改名為屺。因書闕有間，已難確考。關鍵在於其父「先侍講」之名，雖兩宋之際陳姓為侍講者有十餘人之多，但卻無一可確證為勝私之父。樓鑰稱勝私乃陳升之（1011～1079）裔孫，今考升之有二子：閎、閌，則此侍講應為閎、閌之子孫，其生活的年代似應在南宋初。韋驤《戲呈吳伯固同年》一詩中的「吳伯固」，一般文獻載：「即吳處厚，字伯固，邵武（今屬福建）人。皇祐五年進士及第，授汀州司理參軍。嘉祐中，為諸暨主簿。熙寧中，任定武管勾機宣文字。元豐四年，擢將作監丞。王珪薦為大理寺丞。元祐四年，知漢陽軍，箋疏蔡確《車蓋亭》詩奏上，蔡確貶，擢知衛州。未幾卒。著有《青箱雜記》十卷。」其中的「任定武管勾機宣文字」，《中國文學家大辭典》《中國古代文體學史》（曾棗莊）等均誤，應作「管勾機宣文字」，此為北宋都督、招討使、宣撫使、經略安撫使屬官原名，後避高宗趙構名諱改「掌管機要文書」。

另外，還可糾正《全宋詩》小傳及相關文獻之誤。釋淨端（《全宋詩》第12冊），字表明，據《全宋詩輯補》應作「明表」。謝舉廉，《全宋詩》小傳云：「字民師，新淦（今江西新幹）人。神宗元豐八年（1085）與從父懋、岐、世充同第進士，時稱四謝。」據《誠齋集》卷一百二十一《議大夫謝公神道碑》載：謝民師「與其父懋、叔岐、弟世充同第進士，時稱四謝。」《全宋詩》小傳全部誤為其叔父。釋行持，《全宋詩》《全宋詩輯補》皆作「釋持」，錄詩10首，《宋代禪僧詩輯考》作「釋行持」，是。廖剛，字用中，《全宋詩》小傳誤作「中用」，諸如此類，不一一指出。

（三）為有宋一代詩歌輯佚

宋代戲謔詩文獻整理的衍生品材料還可為有宋一代詩歌輯佚。文獻整理材料不僅解決了戲謔詩本身的許多問題，其還為《全宋詩》輯佚提供了有價

值的資料。司馬光《和張伯常賀遷資政》：「不駕使車開漢關，不棲岩穴煉金丹。豈無開徑三人友，分著垂綏五寸冠。坐飽太倉猶自愧，謬躋秘殿益難安。願同野老嬉堯壤，長守先生苜蓿盤。」此詩為司馬光元豐七年在洛陽提舉嵩山崇福宮時作。題中之「張伯常」：原本題下注云：「徽，字伯常。」張徽，字伯常，湖北競陵人。司馬光、范純仁皆與之友善。宋神宗熙寧初為福建轉運使兼知福州。以上柱國致仕。又以詩名，著有《滄浪集》，已佚。《全宋詩》及《全宋詩訂補》錄詩 10 首。張徽曾遊柏山，於柏山摩崖石刻題《遊參村山》詩：「未窮雙佛刹，先到一漁家。山雨已殘葉，溪風猶落花。汲泉沙脈動，敲火石痕斜。應是佳公子，竹間曾煮茶。」〔註29〕《全宋詩》《全宋詩訂補》未收錄，即可補入。黃庭堅《戲贈高述六言》：「江湖心計不淺，翰墨風流有餘。相期乃千載事，要須讀五車書。」之標題「高述」：生卒年不詳。字季明，宋哲宗時丹陽（今屬江蘇鎮江）人。元祐三年（1088）李常寧榜進士，曾為江南西路轉運判官。能文，其風聲氣格見於筆墨間，時作蘇軾筆或能亂真。據《圖繪寶鑒》載：「宋高述學東坡書及竹、石，皆逼真」。同見明陶宗儀《書史會要》。《歷代筆記小說大觀》有「代筆」條云：「古書名家，皆有代筆。蘇子瞻代筆，丹陽人高述。趙松雪代筆，京口人郭天錫。董華亭代筆，門下士吳楚侯。山舟學士書名噪海內，而從無代筆。湯畫人庶常（錫蕃）、沈友三明經（益）頗肖公書，嘗為人作字，署學士名，實非代筆也。」〔註30〕《至順鎮江志》載兩宋鎮江府進士 234 人，其中北宋 118 人，南宋 116 人，北宋部分就有高述其人。〔註31〕高述《全宋詩》錄其詩三首。但無《南源寺》一首，其云：「行縣忘崎嶇，得景如期集。溪聲風雨響，山潤雲煙濕。基址真隱藏，安抱自朝揖。摳衣造方丈，步履登簨虡。供目有霜林，青紅皆可拾。」可補入。南源寺，在今萍鄉市上栗區楊歧鄉境內，距城約五十里，舊時又稱萬安院。〔註32〕趙嶸《雲叟道人自夫子林驛款段先我而歸口占一詩戲之》：「道人乘款段，輒爾馳山川。翻然兩角巾，似與風爭顛。左手

〔註29〕黃榮春主編：《福州十邑摩崖石刻》，福州：福建美術出版社，2008 年版，第 171 頁。

〔註30〕（清）梁紹壬撰；莊葳校點：《歷代筆記小說大觀·兩般秋雨盦隨筆》，上海：上海古籍出版社，2012 年版，第 16 頁。

〔註31〕嚴其林著：《鎮江進士研究》，上海：復旦大學出版社，2014 年版，第 59 頁。

〔註32〕政協萍鄉市城關區文史資料研究委員會：《萍鄉城關文史資料》第 2 輯，1990 年版，第 246 頁。

不停勒，右手復爭鞭。烏裙拍馬腋，欲擬鶴昇天。釋耕觀者人，莫知所以然。
定疑雲路闊，墜落騎鹿仙。」標題中的「雲叟道人」，據明清縣志載，宋人，
姓侍其，名瑀，號雲叟，「住釣魚臺，隱居不仕，鄉里推為經師。」在上元
縣祈澤寺中舊時有四塊碑刻，刻有「雲叟道人」的三首《招隱詩》。其中兩
首為七絕，一首為五絕。前兩首是：「官南官北添身累，年去年來換鬢青。
何日歸來閒歲月，掃山廬墓過余齡。」「雲窗雲暗春燈小，松柳無風春悄悄。
子規枝上叫夢回，清磬一聲山月小。」後一首是：「美綠三千盞，嬌紅一萬
枝。家山歸未得，更聽鷓鴣詞。」〔註33〕這三首《全宋詩》《全宋詩訂補》
《全宋詩輯補》均未收錄，亦可補入。

三、宋代戲謔詩文獻整理的意義

　　宋代戲謔詩的文獻整理，這是從遊戲、幽默的角度去審視宋代詩歌。既
可全面地瞭解宋代士人在政治、經濟、文化、歷史等因素影響下而形成的社
會心理、個體心理及創新意識，又可看到宋人的精神面貌。正如胡曉明先生
在《尚意的詩學和宋代人文精神》中所說：「智力活動的多方面展開和創新
表現，是為宋代士大夫生活形態與精神面貌之第一特徵。」「玩賞與研究之
興味與智力活動本身之創造性，有機交織，此即宋人形態與精神面貌又一特
徵。」

　　宋代戲謔詩的文獻整理有助於對宋型文化的全面而深入地認識和把握。
戲謔詩作為一種文化和遊戲之產物，它的創作是在詩人完全是在一種放鬆
和開懷的狀態下完成的，因此它能更清晰地展示詩人所處的環境與空間狀
態。而長期以來，學界對戲謔詩都抱著一種不屑態度，很少納入文學史研究
範疇。因此對宋代戲謔詩進行深入研究，對於全面、準確地認識宋代文化的
特徵。

　　宋代戲謔詩的文獻整理還可為專業研究者提供了一條新的認識宋代詩歌
的途徑，可通過戲謔詩重新審視宋代著名詩人乃至一般詩人或無名詩人的審
美心理及精神面貌。兩宋王安石、蘇軾、黃庭堅、司馬光、陸游、楊萬里、范
成大、周必大、李綱、王十朋、朱熹等許多詩人都創作了數量不少的戲謔詩，
對其文獻整理，為專業研究者既可提供戲謔詩閱讀理解之方便，又可通過戲

〔註33〕竇天語、張亮主編，江寧縣政協文史委員會編印：《江寧勝蹟》，第78頁。

謔詩從另一個側面瞭解他們的審美心理和精神面貌，誠如王兆鵬先生對「誠齋體」詩諧趣的評價「他在詩歌創作中才能賦予自然萬物、江山風雲以生命靈性、情意知覺，建構出一個別具一格的靈性自然。」〔註34〕這些都為宋代詩歌縱深和全面研究提供新的路徑。

〔註34〕王兆鵬：《建構性靈的自然──楊萬里「誠齋體」別解》，《文學遺產》，1992年第 6 期，第 77 頁。

凡　例

一、本書之校注以《全宋詩》、宋人別集為底本，校以各家抄本、總集本、選本、別集校注本。

二、本書校注合一，一般一句一校注，少數兩句或數句用同一典者則一併校注。校與注以字詞在詩中的先後為序，校之字詞後用「，」標識，注之字詞句後則用「：」標識。校與注內容之間空兩格以示區別。凡有自注、原注者，其後有校注者，亦空兩格。

三、本書是有宋三百年大家、名家、無名詩輩之戲謔詩的彙總校注，已有大家、名家全集、或詩集校注之善者兼收並取，復互參考訂，補其缺而匡其謬，徵典釋義，力求詳明。校之底本、參校本皆採原書之簡稱。以便核實與閱讀。

四、注文徵引之文獻資料，包括史書、小說、佛典、詩話、筆記、雜著、總集、全集、別集及最新研究成果等，均標出作者、書名、卷次、篇名等。

五、較為生僻的詞語均簡要釋義，深奧隱曲、不易解之句，除引典故處，亦作句意梳理，便於理解。

六、注條重出者，一般採用見前注，若角度不同，則適當重注。

卷　一

李　綱

　　李綱（1083～1140），字伯紀，號梁溪居士。邵武（今屬福建）人。自其祖始居無錫。徽宗政和二年（1112）進士。宣和七年（1125）為太常少卿。靖康時，任兵部侍郎，金兵圍城，堅決主戰，阻止欽宗遷都，並擊退金兵。旋被貶。高宗時召任宰相，受黃潛善等投降派排擠，僅七十日而罷。後歷任湖廣宣撫使等職。屢上疏主戰，終不得行，憂鬱而死。卒諡忠定。有《梁溪集》《靖康傳信錄》等。今錄戲謔詩 70 首。

自哂

　　自哂何為者，南遊亦偶然。未登離垢地〔1〕，端有散花天〔2〕。遇境聊為戲，安心不離禪。幽懷誰與共，深炷一爐煙。

〔校注〕

〔1〕離垢地：佛教語。指解脱煩惱之佛國境地。《唯識論》卷九：「離垢地，具淨尸羅，遠離能起微細毀犯煩惱垢故。」

〔2〕散花：佛教稱經之散文為散花。

戲為吳語〔1〕

　　莫問儂家作底愁〔2〕，細思今古事悠悠。只因讀得數行字，便覺分為一世憂。問舍求田須更以〔3〕，濟時澤物且能休。梁溪幸有閒泉石〔4〕，正好歸來作故侯〔5〕。

〔校注〕

〔1〕吳語：泛指江南吳越的地方語。

〔2〕儂家：我家。

〔3〕求田問舍：出自《三國志‧魏志‧陳登傳》，本意為唯知廣置田產房舍而無遠
　　　大之志，是劉備譏諷許汜之語。

〔4〕梁溪：水名，在江蘇無錫西，源出惠山，流入太湖。古時此水極窄，梁時疏
　　　濬，故名。

〔5〕來：《李綱全集》校：「傅本作『與』。」

戲成絕句三首

其一

山色黛眉遠，溪聲玉佩珊〔1〕。溪山憐逐客〔2〕，故為結清歡。

〔校注〕

〔1〕玉佩珊：用古人佩掛的玉製裝飾品發出的聲音形容溪水聲。

〔2〕逐客：作者自己。指被貶謫遠地的人。

其二

粼粼溪底石，五色粲堅圓。安得女媧手，鍊之將補天〔1〕。

〔校注〕

〔1〕女媧：神話傳說中的創造人類的人。補天：古代神話傳說，女媧煉石補天。

其三

小艇渡行旅，往來終日操。但令人利涉〔1〕，寧復計劬勞〔2〕。

〔校注〕

〔1〕利涉：順利渡河。

〔2〕劬（qú）勞：勞累；勞苦。《詩‧小雅‧蓼莪》：「哀哀父母，生我劬勞。」

余抵沙陽之夕，民居延火幾爇官局，因念以論水得罪，復以火驚，殊可笑歎，戲成此詩。〔1〕

囊封論水謫天涯〔2〕，繞到沙陽火復隨。本為玄冥遭放逐，卻因回祿
更驚疑〔3〕。生辰端是窮申未，學易何曾悟坎離〔4〕。爛額焦頭那足惜，
只愁蓬跡久飄移。

〔校注〕

〔1〕題注：余生辰己未火、甲申水。　　沙陽：福建沙縣境內。李綱曾貶謫至此。以下多首為沙陽所作。

〔2〕囊封：封事。宋王庭圭《送胡邦衡之新州貶所》詩：「囊封初上九重關，是日清都虎豹開。」

〔3〕玄冥、回祿：水神名、火神名。《左傳·昭公十八年》：「郊人助祝史除於國北，禳火於玄冥，回祿。」杜預注：「玄冥，水神。」

〔4〕坎、離：《周易》中的兩卦。

墨戲六首

鄧志宏所蓄墨戲凡六，曲盡其妙，求予題跋，各為賦小詩以見意。〔1〕

拳蠹

屈折金石瘦〔2〕，偃蹇虯龍怒。蕭然少生意，端為根中蠹〔3〕。

〔校注〕

〔1〕鄧志宏：鄧肅（1091～1133），字志宏，南宋詞人。沙縣（今屬福建）人。《宋史》本傳云：「李綱見而奇之，相倡和，遂為忘年交。」欽宗朝，召對，補承務郎。張邦昌僭位，奔赴建康（今南京），自鴻臚寺主簿，擢左正言。罷官，主管江州太平觀。有《栟櫚集》。墨戲：隨興而成的寫意畫。

〔2〕金石：常用以比喻事物的堅固、剛強，心志的堅定、忠貞。

〔3〕中蠹：內部蛀損。

枯折〔1〕

歲晚風號寒，琅玕半吹折〔2〕。雖殘棲鳳枝，終抱凌霄節〔3〕。

〔校注〕

〔1〕枯折：枯萎斷折。唐杜甫《曲江》詩之一：「曲江蕭條秋氣高，菱荷枯折隨風濤。」

〔2〕琅玕：猶闌干，縱橫散亂貌。

〔3〕霄，道光本作「霜」。　　凌霄：凌雲。晉陸機《遂志賦》：「陳頓委於楚魏，亦凌霄以自濯。」

宿枝

疏筠輕帶粉，老葉飽經霜。試問枝頭實，何年集鳳凰。

新葉

解籜能幾日，成陰不待春。天然為誰笑，風露一枝新。

引根

土潤引新萌，虯鞭獨處行。此君人不厭，何惜滿林生。

迸筍

養就籜龍兒〔1〕，斕斑角未齊。斧斤休縱手，會看拂雲霓。

〔校注〕

〔1〕籜龍兒：籜，筍殼。後因以「籜龍兒」代稱筍。唐盧仝《寄男抱孫》詩：「新筍好看守，萬籜包龍兒。」宋蘇軾《參玉版長老》詩：「聊憑柏樹子，與問籜龍兒。」宋朱松《新筍》詩：「春風吹起籜龍兒，戢戢滿山人未知。」

六竹外尚有偃風、頂雨二本，留故家，志宏欲之而未得戲作絕句，附卷末庶幾異日悉歸志宏也

六樣根莖妙入神〔1〕，兩枝風雨更清新。此君族類須收拾，莫使飄零歎失身。

〔校注〕

〔1〕妙入神：《易·繫辭下》：「精義入神，以致用也。」孔穎達疏：「言聖人用精粹微妙之義，入於神化，寂然不動，乃能致其所用。」後多用以指一種技藝達到神妙之境。

志宏以墨戲見遺並貺古風次韻答之且歸其畫

老坡墨戲吾最許，雨葉風枝無點上。幽懷寄此管城穎〔1〕，妙質森然會稽楮〔2〕。要須胸次竹先成，故使落筆前無古。披圖但愛凌雲姿，作贊愧乏驚人語。嗟予迂闊與世疏，酷嗜栽培如老圃。築園會與種千竿，開國便勝封萬戶。遺予此畫意已勤，奪人之好道所御。封題依舊送書房，得畫何如得竹愈。

〔校注〕

〔1〕管城穎：猶筆穎；指筆頭。宋蘇軾《和黃秀才鑒空閣》：「借君方諸淚，一沐管
　　　城穎。」

〔2〕會稽楮：韓愈《毛穎傳》：「穎與絳人玄、弘農陶泓及會稽楮先生友善。」楮先
　　　生是紙的別稱。

以墨戲歸志宏復有詩來次韻答之

　　玉局老仙人共許〔1〕，秀骨於今已黃土〔2〕。人間無復見文章，空餘
戲墨歸囊楮。子能藏蓄真好事，便可祕惜傳千古。試將短句贊幽姿，卻
對此君難下語。年來懶惰百事廢，欲把鋤犁逐農圃。會栽修竹滿園池，
為引清風到庭戶。子詩往複句益奇，發我狂吟那可禦〔4〕。超然對竹更
吟詩，此病未知誰得愈。

〔校注〕

〔1〕玉局：蘇軾曾任玉局觀提舉，後人遂以「玉局」稱蘇軾。

〔2〕秀骨：不凡的氣質。

〔3〕戲墨：猶戲筆。囊楮：袋中的錢。唐劉禹錫《成都府新修福成寺記》：「公言既
　　　先，應如決川。乃傾囊楮，乃出懷袖。」

〔4〕我，道光本作「言」。

再次韻

　　落筆蕭森邃如許，墨為根莖紙為土。眉山作此共言好，譬猶字法稱
虞褚〔1〕。世人畫竹不畫意，謾捨丹青欲侔古。胸中幹葉本天成，心手
應時那可語。此君於我定有緣〔2〕，每念移根栽小圃。開圖忽見數株新，
卻怪龍孫入吾戶〔3〕。年來幾欲斷吟哦，照眼還成自難御。發緘又復讀
佳篇，詩癖遙知猶未愈。

〔校注〕

〔1〕虞褚：指唐代書法家虞世南與褚遂良。《舊唐書·薛稷傳》：「稷外祖魏徵家富
　　　圖籍，多有虞褚舊跡，稷銳精模仿，筆態遒麗，當時無及之者。」

〔2〕此君：竹的代稱。《晉書·王徽之傳》：「〔徽之〕嘗寄居空宅中，便令種竹。
　　　或問其故，徽之但嘯詠指竹曰：『何可一日無此君邪！』」後因作竹的代稱。

〔3〕龍孫：指新竹。宋梅堯臣《依韻和孫待制新栽竹》：「龍孫已見多奇節，鳳實新生入翠枝。」宋陸游《夏日》詩：「將雛燕子暫離巢，過母龍孫已放梢。」

志宏復有詩來再賦兩篇為報念其往復之無已也故寓意卒章以止之

其一

平生愛竹端自許，欲種千竿滿吾土。豈知好物不須多，只費東坡數番楮。酒酣弄筆寫寒姿，一洗丹青空萬古。我今觀畫已蕭然，矧對吟風如共語。淵明荒徑便拋官，仲子辭官歸灌圃〔1〕。終年端坐飽太倉〔2〕，更欲此君長傍戶。亦知兩者固難兼，無那幽懷終不禦。縱教富貴欲何為，不若歸來栽竹愈〔3〕。

〔校注〕

〔1〕仲子：陳仲子，戰國著名思想家。名定，亦稱陳仲，山東鄒平人。陳仲子辭官隱居於長白山，終日為人灌園。

〔2〕太倉：胃的別名。本以太倉喻胃，後徑稱胃為太倉。

〔3〕栽，道光本作「種」。

其二

數君妙質來何許〔1〕，生氣森森如得土。依然對此未忘情，亦欲懷之恨無楮。宿枝新葉自清妍，蟲拳枯折尤奇古〔2〕。已將金玉照雙眸，更得珠璣編好語。男兒學古貴根源，余力遊茲文翰圃。沉思六藝見同歸〔3〕，縱覽百家知異戶〔4〕。浩然養氣塞天淵，沛若江河知孰御。卻憐雕斲愁肺肝，但莫苦吟當自愈。

〔校注〕

〔1〕妙質：美的資質、才德。漢禰衡《鸚鵡賦》：「體金精之妙質兮，合火德之明輝。」晉陸雲《與陸典書》：「唯大人挺自然之妙質，稟淵姿之弘毅。」宋王安石《思王逢原》詩：「妙質不為平世得，微言惟有故人知。」

〔2〕枯折：枯萎斷折。唐杜甫《曲江》詩之一：「曲江蕭條秋氣高，菱荷枯折隨風濤。」唐孟郊《秋懷》詩之十二：「流運閃欲盡，枯折皆相號。棘枝風哭酸，桐葉霜顏高。」奇古：奇特古樸。《新唐書·文藝傳下·李商隱》：「商隱初為文瑰邁奇古。」

〔3〕六藝：古代教育學生的六種科目。《周禮・地官・大司徒》：「三曰六藝：禮、
　　樂、射、御、書、數。」《史記・孔子世家》：「孔子以詩書禮樂教，弟子蓋三
　　千焉，身通六藝者七十有二人。」

〔4〕百家：指學術上的各種派別。《荀子・解蔽》：「今諸侯異政，百家異說，則
　　必或是或非，或治或亂。」《史記・滑稽列傳》：「今子大夫修先王之術，慕
　　聖人之義，諷誦《詩》、《書》、百家之言，不可勝數。」唐韓愈《此日足可
　　惜贈張籍》詩：「孔丘歿已遠，仁義路久荒，紛紛百家起，詭怪相披猖。」
　　異戶：指學術上各成一家。漢揚雄《法言・君子》：「吾於孫卿，與見同門而
　　異戶也。」李軌注：「同出一門而戶異，同述一聖而乖詭。」漢王充《論衡・
　　案書》：「公羊高、穀梁寘、胡母氏皆傳《春秋》。各門異戶，獨《左氏傳》
　　為近得實。」

志宏以牡丹酴醾見遺戲呼牡丹為道州長且許時餉酴醾作二詩以報之

牡丹

　　我昔驅車遊洛陽〔1〕，正值名園開花王。嫣然萬本鬥妍媚，雕檻綽約
羅紅妝〔2〕。風枝似響湘浦佩，露苞如浴驪山湯〔3〕。乍驚照眼國色好，
更覺撲鼻春風香。鞓紅檀點玉版白，細葉次第舒幽房〔4〕。玉奴纖指尚
餘撚，鶴翎坐恐隨風翔〔5〕。就中品格最奇特，共許魏紫並姚黃〔6〕。千
金不惜買一醉，少年渾欲花底狂。歸來試作牡丹譜，未服秉筆惟歐陽〔7〕。
自從遊宦多感傷，況此遠謫閩山傍〔8〕。諦觀世味如嚼蠟，惜花未免猶
膏肓。亦知春色到庭戶，不見此花如未嘗〔9〕。子於何處得一本，贈我
意厚誠難忘。戲言劍浦此為最，聊試呼作道州長〔10〕。化工雕刻無厚薄
〔11〕，地氣培植非其鄉。雖云單葉不入品，無那富豔踰群芳。願言愛惜
勿嘲誚，且醉玉斝酬韶光〔12〕。

〔校注〕

〔1〕我昔，道光本作「昔吾」。

〔2〕嫣然二句：嫣：美。妍媚：美好豔麗。綽約：柔婉美好貌。《莊子・逍遙遊》：
　　「肌膚若冰雪，綽約若處子。」

〔3〕風枝二句：花枝被風吹動，發出如同湘水女神玉佩的聲響一樣；沾滿露水的花
　　苞，就像在驪山溫泉洗浴的楊貴妃。風枝，風吹牡丹枝葉。湘浦，湘江濱。佩，

玉佩，佩帶的飾物。湘浦佩，指湘夫人（舜帝的兩個妃子娥皇、女英）的玉佩。
驪山湯，指驪山溫泉，即華清池。在今陝西省臨潼縣東南驪山。

〔4〕鞓紅二句：檀點：牡丹的一種。指「倒暈檀心」牡丹；細葉次第，指細葉、粗葉『壽安紅』牡丹。均為洛陽牡丹名品。

〔5〕玉奴二句：玉奴，唐代楊貴妃（太真）小名玉環，故稱「玉奴」。舊題唐牛僧孺《周秦行紀》：「太真視潘妃而對曰：『潘妃向玉奴說：懊惱東君侯疏狂，終日出獵，故不得時謁耳。』」撚，此為按、捏之意。此指『一撚（音叶）紅』牡丹。鶴翎，指『鶴翎紅』牡丹。

〔6〕魏紫：牡丹花名貴品種之一。姚黃：牡丹花的名種之一。

〔7〕歸來二句：歸來試寫一篇牡丹譜，拿起筆來令人佩服的只有歐陽修。歐陽，指歐陽修。

〔8〕自從二句：遊宦，春秋戰國時士人離開本國至他國求官謀職稱「遊宦」，後泛指離家在外作官。《漢書·地理志下》：「及司馬相如遊宦京師諸侯，以文辭顯於世，鄉黨慕循其跡。」閩山，閩地的山。閩，古代民族名。聚居在今福建省境，後因簡稱福建省為閩。傍，同「旁」。

〔9〕諦觀四句：仔細觀察世事實在味同嚼蠟，但憐惜花兒之深情卻難以自拔。雖然知道春色已經來到庭院，但沒有見到牡丹就沒有感受到春光。諦觀，仔細觀察。膏肓，古代醫學稱心臟下部為膏，隔膜為肓。後謂病極嚴重，難以醫治為膏肓之疾。

〔10〕戲言二句：劍浦，即劍津，又稱延平津。在今福建省南平市東南，為閩江上游。道州，州名。隋置，故治在今河南省鄧城縣西南。一為唐置，今湖南省道縣。

〔11〕化工：天工，自然的創造生長萬物的能力。

〔12〕願言二句：願言：思念殷切貌。《詩·衛風·伯兮》：「願言思伯，甘心首疾。」誚，責備。玉斝（jiǎ），飾玉的酒器。斝，古代銅製酒器，似爵而較大，盛行於商代。韶光：美好的時光，常指春光。

酴醾

　　殘陰未許春光泄，噴作沙陽三尺雪〔1〕。摧傷花卉盡枯槎，惟有酴醾寒更茁。幽人早起傍園林，獨喜枝頭瓊蕊綴〔2〕。應憐逐客正淒涼，折贈殷勤慰愁絕。清香馥郁坐中飄，汲水養之殊未歇。和煙帶露愈芬芳，更許幽叢時為擷。愁霖連日作輕寒，寂寂禪扉方晝閉〔3〕。春風駘蕩好幽尋，安得連拳掛雌霓〔4〕。

〔校注〕

〔1〕三尺雪：喻酴醾。

〔2〕瓊蕊：玉英，玉花。

〔3〕寂寂，道光本作「寂寞」。

〔4〕雌霓：即雌蜺。

志宏見和再次前韻

牡丹

　　半夜疏鐘來景陽〔1〕，美人梳洗隨君王。天然意態已傾國，何用苦死催嚴妝。朱顏半酡寧著酒，玉膚自滑非臨湯。鉛華固美豈真色，蘭麝雖馥非天香〔2〕。我觀牡丹正如此，勾欄橫檻為雕房〔3〕。乍驚神女峽中見，只恐弄玉雲間翔〔4〕。檀心點點暈深紫〔5〕，金藥簇簇搖金黃〔6〕。坐令雜花為婢妾〔7〕，解使蜂蝶成顛狂。臨風嫋嫋更妍好，渾如舞袖踏春陽。芳根最是洛中盛，安得千本栽砌傍。惜花惟怕春色老，此癖誰與針其肓。沙陽春晚始一見，如有異味爭先嘗。蠟封剪處持送我，念子此意何時忘。禪關兀坐無與語〔8〕，遲遲晝景方舒長。對花把酒不知醉，醒後還復悲殊鄉。佳篇酬和慰落寞，清麗欲與花爭芳。吟哦愈苦詩愈好，去去惜此窗前光。

〔校注〕

〔1〕景陽：南朝宮名。齊武帝置鐘於樓上、宮人聞鐘，早起妝飾。後人因用以為典。
　　　唐許渾《金陵懷古》詩：「《玉樹》歌殘王氣終，景陽兵合戍樓空。」

〔2〕蘭麝：蘭與麝香。指名貴的香料。《晉書·石崇傳》：「崇盡出其婢妾數十人以
　　　示之，皆蘊蘭麝，被羅縠。」宋黃庭堅《寄陳適用》詩：「歌梁韻金石，舞地
　　　委蘭麝。」

〔3〕勾，何校：影宋本作「由」，紅筆改「麼」。道光本作「曲」。

〔4〕弄玉：人名，相傳為春秋秦穆公女，嫁善吹簫之蕭史，日就蕭史學簫作鳳鳴，
　　　穆公為作鳳臺以居之。後夫妻乘鳳飛天仙去。事見漢劉向《列仙傳》。北周庾
　　　信《蕩子賦》：「羅敷總髮，弄玉初笄。」唐李白《鳳臺曲》：「曲在身不返，空
　　　餘弄玉名。」

〔5〕檀心：淺紅色的花蕊。宋蘇軾《黃葵》詩：「檀心自成暈，翠葉森有芒。」

〔6〕金蕊：金色花蕊。唐元稹《紅芍藥》詩：「繁絲蹙金蕊，高焰當爐火。」唐秦
　　韜玉《牡丹》詩：「壓枝金蕊香如撲，逐朵檀心巧勝裁。」前蜀毛文錫《月宮
　　春》詞：「水晶宮裏桂花開，神仙探幾回。紅芳金蕊，繡重臺。低傾瑪瑙杯。」
　　簇簇：一叢叢；一堆堆。唐白居易《開元寺東池早春》詩：「池水暖溫暾，水
　　清波瀲灩。簇簇青泥中，新蒲葉如劍。」

〔7〕坐令：猶言致使；空使。唐韓愈《贈唐衢》詩：「胡不上書自薦達，坐令四海
　　如虞唐？」

〔8〕禪關：禪門。唐李白《化城寺大鐘銘》：「方入於禪關，睹天宮崢嶸，聞鐘聲瑣
　　屑。」宋梅堯臣《會善寺》詩：「琉璃開淨界，薜荔啟禪關。」兀坐：獨自端
　　坐。唐戴叔倫《暉上人獨坐亭》詩：「蕭條心境外，兀坐獨參禪。」宋蘇軾《客
　　住假寐》詩：「謁入不得去，兀坐如枯株。」

酴醾

寒過春光還漏泄，酴醾架上花如雪。輕盈皓色訝梅開，芬馥清香勝
蘭茝。龍鬚初引翠蔓長〔1〕，玉質全看素英綴〔2〕。結成幽洞自深沉，蔭
此芳醪更奇絕〔3〕。銅瓶只浸兩三枝，香在根塵都不歇。幽人贈我意已
勤，卻愧終朝煩採擷。子美惟愁花欲飛，淵明自愛門常閉〔4〕。尋芳須
趁春未殘，更喜晴天垂彩霓。

〔校注〕

〔1〕龍鬚：草名。三國魏吳普《神農本草經・石龍芻》：「（石龍芻）一名龍鬚。」
　　唐李白《魯東門觀刈蒲》詩：「此草最可珍，何必貴龍鬚。」王琦注：「《蜀本
　　草》：龍芻，叢生，莖如綖，所在有之，俗名龍鬚草，可為席。」此用以形容
　　酴醾花鬚。

〔2〕全，道光本作「今」。

〔3〕芳醪：美酒。晉袁嶠之《蘭亭》詩之二：「激水流芳醪，豁爾累心散。」宋樂
　　史《廣卓異記・水變為芳醪》：「上力起舉甌，將飲，甌中水變為芳醪矣。」

〔4〕子美、淵明：指杜甫、陶潛。

再賦酴醾贈志宏

春入酴醾如憤泄，翻空萬點枝頭雪。濃花嫩蕊滿柔柯，應笑蓬蕻春
亦茁。東君端的銜工夫〔1〕，故把瓊酥巧妝綴。含風觸處便氤氳〔2〕，帶

月看時更清絕。幽香移入小齋中，獨比餘花最難歇。子應憐我惜春光，刺手鉤衣幾番擷。卻嗟草木本無情，亦解隨時自開閉。對花一醉更翻書〔3〕，醉裏猶能讀為霓。

〔校注〕

〔1〕的，藍格本、道光本作「解」。　　東君：指春天。

〔2〕觸處：到處，隨處。極言其多。《南史・循吏傳序》：「凡百戶之鄉，有市之邑，歌謠舞蹈，觸處成群，蓋宋世之極盛也。」氛氳：指濃鬱的煙氣或香氣。南朝梁沈約《詠竹火籠》：「復持鴛鴦被，白鶴吐氛氳。」唐無可《蘭》詩：「蘭色結春光，氛氳掩眾芳。」

〔3〕翻書：翻閱書籍。

季明之子登第戲成小詩並紀岩桂之異〔1〕

怪底春山桂開早，仙籍浮香遠相告〔2〕。固知鍾愛在賢郎〔3〕，誰謂筆根無顯報。〔4〕親賓來賀如雲奔，車馬煌煌于氏門。〔5〕七杯燕客吾未與〔6〕，應欲特開東閣樽。〔7〕

〔校注〕

〔1〕季明：鄧密，字季明。其子登進士第者乃次子鄧文昭。李綱《樂全居士墓誌銘》云：「居士諱密，字季明，姓鄧氏……今為延平人……二男，長即文饒，宣和初補太學上舍生釋褐，以親老久不調官，今猶迪功郎；次文昭，應進士舉。」岩桂：木犀的別名。唐高宗《九月九日》詩：「砌蘭虧半影，岩桂發全香。」宋楊萬里《瑞香花》詩：「樹如岩桂不勝低，花比素馨幽更奇。」宋張邦基《墨莊漫錄》云：「木犀花黃深而大，一種花白淺而小，湖南呼九里香，江東呼岩桂，浙人曰木犀。」

〔2〕仙籍：神仙之鄉。亦形容清幽之境。唐孟郊《遊韋七洞庭別業》詩：「崆峒非凡鄉，蓬瀛在仙籍。」

〔3〕愛，藍格本、道光本作「慶」，《四庫》本作「愛」。

〔4〕「顯」，原作「可」，據傅本、《四庫》本改。　　顯報：佛教語。顯明的因果報應。《晉書・孫楚傳》：「北面稱臣，伏聽告策，則世祚江表，永為魏藩，豐功顯報，隆於今日矣。」唐羅隱《寄大理徐郎中》詩：「事雖亡顯報，理合有陰功。」

〔5〕煌煌：明亮輝耀貌；光彩奪目貌。《詩・陳風・東門之楊》：「昏以為期，明星
　　　煌煌。」朱熹集傳：「煌煌，大明貌。」

〔6〕燕客：宴請賓客。

〔7〕東閣：東廂的居室或樓房。古樂府《木蘭詩》：「開我東閣門，坐我西間床。」
　　　唐任希古《和長孫秘監伏日苦熱》：「北林開逸徑，東閣敞閒扉。」

戲成短歌從志宏求芍藥

　　東風不隔沙陽僻，嫩藥濃花自春色。栟櫚也是可憐人〔1〕，每送梁溪
慰愁寂。邇來芍藥已盛開，供花未到吾須覓。賦梅豈害廣平剛〔2〕，乞
醯更覺微生直〔3〕。為將爛熳數枝紅，伴我淋漓一丸墨〔4〕。

〔校注〕

〔1〕栟櫚：木名。即棕櫚。

〔2〕廣平剛：唐宋璟，字廣平。皮日休《宋璟集序》：「宋廣平剛態毅狀，疑其鐵石
　　　心腸。」

〔3〕微生直：語本《論語・公冶長》：「子曰『孰謂微生高直？氣醯焉，乞諸其鄰而
　　　與之』。」意謂誰說微生高直爽？有人向他討點醋，他卻到鄰居那裡轉討一點
　　　給別人。

〔4〕丸墨：古代墨以丸計，故稱墨為「丸墨」。

志宏供芍藥且以詩來再賦前韻〔1〕

　　誰道心開緣地僻，夢裏何嘗有空色。小窗一枕覺來時，燕語鶯啼春
寂寂〔2〕。忽思春盡芍藥開，賦詩試與幽人覓。短篇纔去花已來，卻愧
詩詞太狂直。嫣然數朵玉樓春〔3〕，何似江南稱落墨。〔4〕

〔校注〕

〔1〕芍藥：多年生草本植物。五月開花，花大而美麗，有紫紅、粉紅、白等多種顏
　　　色，供觀賞。根可入藥。《詩・鄭風・溱洧》：「維士與女，伊其相謔，贈之以
　　　勺藥。」後因以「芍藥」表示男女愛慕之情。

〔2〕燕語鶯啼：燕子、黃鶯鳴叫。形容春天美景。唐王建《調笑令》詞：「紅樹，
　　　紅樹，燕語鶯啼日暮。」

〔3〕嫣然：美好貌。南朝梁沈約《四時白紵歌‧夏白紵》：「嫣然宛轉亂心神，非子
　　　之故欲誰因。」

〔4〕落墨：落筆。宋蘇軾《山茶》詩：「何須誇落墨，獨賞江南工。」

志宏送石菖蒲乃菖陽也作此詩以戲之〔1〕

　　石上菖蒲何所擬，虬然連絡龍蛇尾。寸餘九節瘦根莖，能輔五臟堅
髮齒。清泉白石養案間，璀璨芬芳誠可喜。子於何處得此本，葉大根粗
恐非是。乞鄰豈誤進菖陽，遺我還將比芹子。物雖非是意已勤，且置盆
中浸寒水。

〔校注〕

〔1〕菖蒲：植物名。多年生水生草本，有香氣。葉狹長，似劍形。《湯液本草經
　　　雅正》云：「菖蒲者，水草之精英，神仙之靈藥（《道藏經》）。冬至後五十七
　　　日，菖始生。菖者，百草之先生者，於是始耕（《呂覽》），則菖蒲又名菖陽
　　　（弘景）。」

紙筆墨盡戲成

　　沙陽地僻，紙、筆、墨皆不佳，予遠來，不能多攜，至是皆盡，獨一硯如
故，因戲成此詩。

　　我生飄泊苦西東〔1〕，四子相逐半世中〔2〕。越楮如雲隨散滅〔3〕，絳
玄終日困磨礱〔4〕。禿憐毛穎頻遭斥〔5〕，靜愛陶泓解困窮〔6〕。一笑寓軒
無所有，本來文字相皆空。

〔校注〕

〔1〕西東：泛指四方，無定向。《史記‧屈原賈生列傳》：「忳迫之徒兮或趨西東。」
　　　裴駰集解引孟康曰：「忳，為利所誘忳也；迫，迫貧賤，東西趨利也。」唐孟
　　　郊《過分水嶺》詩：「十步九舉轡，迴環失西東。」宋范成大《釣池口阻風》
　　　詩：「回風打船失西東，柁癡櫓弱無適從。」

〔2〕逐，何校作「依」，道光本作「隨」。　　四子：指紙筆墨硯。

〔3〕越楮：越地所產的紙。

〔4〕絳玄：指墨。磨礱：折磨。

〔5〕毛穎：毛筆的別稱。因唐韓愈作寓言《毛穎傳》以筆擬人，而得此稱。宋陳淵《越州道中雜詩》之十二：「我行何所挾？萬里一毛穎。」金龐鑄《冬夜直宿省中》詩：「陶泓面冷真堪唾，毛穎頭尖漫費呵。」

〔6〕陶泓：陶製之硯。硯中有蓄水處，故稱。唐楊炯《登秘書省閣詩序》：「陶泓寡務，紬素多閒。」唐韓愈《毛穎傳》：「穎與絳人陳玄、弘農陶泓及會稽褚先生友善，相推致，其出處必偕。」按，毛穎指筆，陳玄指墨，陶泓指硯，褚先生指紙，皆為擬託人名。金龐鑄《冬夜直宿省中》詩：「陶泓面冷真堪唾，毛穎頭尖漫費呵。」

次韻志宏戲興宗耳疾之作〔1〕

有病自當醫，無垢何須洗。六解一亦亡〔2〕，動容皆中禮〔3〕。諦觀新卷葉〔4〕，成此清淨耳。悟道得圓通，教體真在此。虛含十方界〔5〕，迢遞初無裏。鏗然助發機〔6〕，妙響非外宄。天人種種聲〔7〕，和會歸一已。奈何物蔽之，問藥安可止。通以智慧刀，濯以功德水。是病速須除，慎勿聽鄧子。

〔校注〕

〔1〕興宗：即陳興宗，名正式，沙縣人，陳瓘之侄。宣和二年已「年逾六十」，然「風度夷曠。嗜作詩，得前輩句法」

〔2〕六解一亦亡：就像一根繩子上的六個結，解開之後是一體。即六根互用。六識渾為一體。

〔3〕動容：舉止儀容。中禮：適中、合度的禮儀。

〔4〕諦觀：審視，仔細看。卷葉：未展開的嫩葉。喻細小之物。

〔5〕十方界：佛教謂十方無量無邊的世界。

〔6〕鏗然：聲音響亮。

〔7〕天人：指洞悉宇宙人生本原的人。

十三夜有小偷迨曉而獲志宏戲以詩來次其韻

夜半偷兒亦可憐，乘虛欲負壑中船。銀盃羽化方搜篋〔1〕，繡被風飄遽返氈。妄意室中真有道〔2〕，奪從虎口豈徒然。貪夫一笑心為咎，舉體空能發愛涎〔3〕。

〔校注〕

〔1〕銀盃羽化：銀盃已飛天成仙了。喻胸懷豁達。《舊唐書·柳公權傳》載：「公權
　　　志耽書學，不能治生。為勳戚家碑板，問遺歲時鉅萬，多為主藏豎海鷗、龍安
　　　所竊，別貯酒杯盃一笥，緘縢如故，其器皆亡。訊海鷗，乃曰：『不測其亡』。
　　　公哂曰：『銀盃羽化耳。』不復更言。」

〔2〕室，道光本作「空」。　　妄意室中：事先推測估計室中財富儲蓄。《莊子·胠
　　　篋》：「故跖之徒問於跖曰：盜亦有道乎？跖曰：何適而無有道邪！夫妄意室中
　　　之藏，聖也。入先，勇也。出後，義也。知可否，智也。分均，仁也。五者不
　　　備，而能成大盜者，天下未有也。」

〔3〕空，道光本作「安」。　　愛涎：佛教術語。對於個別我的執著。

秋暑戲題

　　少昊行秋尚熾然〔1〕，祝融何事苦侵權〔2〕。欲呼屏翳來清道〔3〕，卻
恨羲和懶著鞭〔4〕。鹽米相仍無日了，圖書撥置且閒眠。個中自有清涼
地，不在中間及兩邊。

〔校注〕

〔1〕少昊行秋：按古代五行學說，少昊以金德帝王，金為西方蕭殺之象，故「少昊
　　　行秋」即是說秋天到來。少昊，傳說中古代東夷首領，名摯（一作質），號金
　　　天氏。東夷曾以鳥為圖騰，相傳少暤曾以鳥名為官名，死後為西方之神。

〔2〕祝融：神名。帝嚳時的火官，後尊為火神，命曰祝融。亦以為火或火災的代稱。

〔3〕屏翳：指雲神。《楚辭·九歌·雲中君》漢王逸注：「雲神，豐隆也，一曰屏翳。」

〔4〕羲和：古代神話傳說中的人物。駕御日車的神。

玉局有《眉子石硯歌》，予來沙陽，獨攜一圓硯，乃眉子石也，戲次其韻〔1〕

　　美人多恨顰雙眉，眼波秋水增清奇。天然此石巧相似，儒生作硯聲
酸嘶。橫雲慘淡遠山碧，猶帶深閨畫時色。金堅玉潤月輪圓，笑殺世間
銅雀渴〔2〕。十年提挈隨拙翁，相攜謫墮溪山中。窗明几淨日相對，風
露夜永燈光紅。毛穎陳玄用功處〔3〕，髮禿肌銷留不住。與君長此結幽
歡，我自多言子無語。

〔校注〕

〔1〕眉子石：硯石之一種。產於安徽省徽州歙縣羅紋山眉子坑。因石上有紋如眉，故名。蘇軾有《眉子硯歌》。宋唐積《歙州硯譜・品目》：「眉子石其紋七種：金星地眉子、對眉子、短眉子、長眉子、簇眉子、闊眉子、金眉子。」參閱宋張邦基《墨莊漫錄》卷五。

〔2〕銅雀渴：《事實類苑》載：徐鉉工篆書隸書，喜愛筆硯。聽說鄴人以銅雀臺古瓦為硯甚佳，欲求之。恰好徐鉉一好友調任鄴縣令，徐鉉以此事相託。一年後，鄴令尋得古瓦二片，極厚大，命人製成二硯，送與徐鉉。徐鉉如獲至寶，即注水試墨。古瓦埋在土中太久，甚乾，注水即滲，又注之，亦竭。徐鉉笑道：「豈銅雀渴乎？」二硯終不能用。

〔3〕毛穎：毛筆的別稱。陳玄：墨的別稱。

寓軒用竹為窗隔以御西風戲成小詩紀其事示志宏〔1〕

昔我自帝所，遠謫來沙陽。由春以涉夏，及此秋氣涼。節物日淒緊〔2〕，白露結為霜。行當入室處，聊復葺我堂。伐竹製窗牖，樸素無青黃。西風屏寒色，短日來孤光。草木已零落，但聞菊藥香。超然適燕處，便足傲羲皇〔3〕。釋氏戒戀著，一宿寄枯桑。今我日必葺，於道無乃荒。彼以著故戒，無著何所妨。譬猶夢中境，離著可兩忘。倘能達此理，隨寓皆道場。

〔校注〕

〔1〕寓軒：李綱被貶福建沙縣，將自己的居室命名為「寓軒」，意為「人生無非大觀世界一寓客，不妨隨遇而安」。

〔2〕節物：各個季節的風物景色。晉陸機《擬明月何皎皎》詩：「踟躕感節物，我行永已久。」

〔3〕燕處：退朝而處；閒居。下句用陶淵明典。淵明於五六月高臥窗之下，清風颯至，自謂羲皇上人。張孝祥《于湖集》詠五月菊詞云：「玉臺金盞對炎光；全似去年香。有意莊嚴端午，不應忘卻重陽。菖蒲九節，金英滿把，同泛瑤觴。舊日東籬陶令，北窗正傲羲皇。」亦用此事典。

傳畫美人戲成

　　美人顏色嬌如花，鬢髮光翳朝陽鴉。玉釵斜插翠眉黵，豈亦有恨來天涯。畫工善畫無窮意，故把雙眸翦秋水。丹青幻出亦動人，況復嫣然能啟齒。年來居士心如灰，草戶金錘擊不開。縱教天女來相試，虛煩雲雨下陽臺。

叢菊數日來頗有開意戲題

　　愛菊如淵明，憑欄惜花晏。朝來有開意，嫩蘂肥欲綻。願承玉露溥，一吐金英粲。臨風嗅馨香，為爾發三歎。

草宰執書論方寇事戲成〔1〕

　　江浙巨盜起，東南皆震驚。王師殊未出，赤子若為情。試贈繞朝策〔2〕，願飛燕將城。非因肉食鄙〔3〕，只欲廟謨成〔4〕。汲黯復妄發〔5〕，終軍思請行〔6〕。懷親寸心急，報國一身輕。曹劌亦問戰〔7〕，申胥還乞兵〔8〕。群公佐天子，努力剪鯢鯨〔9〕。

〔校注〕

〔1〕自分水嶺過江南及辛丑歲作。宰執：指宰相等執掌國家政事的重臣。

〔2〕繞朝策：《左傳・文公十三》載：晉士會（亦稱隨會）在秦，為秦康公所用，「晉人患秦人用士會也……乃使魏壽餘偽以魏叛者，以誘士會」。計得逞，秦使士會歸晉，臨行，秦大夫「繞朝贈之以策，曰：『子無謂秦無人，吾謀適不用也』既濟，魏人躁而還」按，此「策」有二義，一為簡策，漢服虔主此說，南朝梁劉勰從之；一為馬鞭，晉杜預主此說，唐李白從之，後因以「繞朝策」為臨別贈鞭或贈言之典。亦喻指先見之明或高明的謀略，唐李白《贈宣城宇文太守兼呈崔侍御》詩：「敢獻繞朝策，思同郭泰船。」

〔3〕肉食鄙：指高位厚祿。亦泛指做官的人。《左傳・莊公十年》：「肉食者鄙，未能遠謀。」　杜預注：「肉食，在位者。」

〔4〕廟謨：猶廟謀。《後漢書・光武帝紀贊》：「明明廟謨，趉趉雄斷。」按，謨，《文選》作「謀」。

〔5〕汲黯：漢代第　直臣。多次抗旨，受到漢武帝信任。

〔6〕終軍（？～前 112）：字子雲，濟南人，年十八選為博士弟子，武帝時官諫議大夫，出使南越，後越丞相呂嘉興兵叛漢，他被殺，死時年僅二十餘，人稱為「終童」。

〔7〕典出《左傳》之《曹劌論戰》。

〔8〕申胥：即伍員（？～前484），字子胥。春秋時吳國大夫。楚大夫伍奢次子。父伍奢、兄伍尚同為楚平王殺害。楚平王七年（公元前522年），他經歷宋、鄭等國入吳，幫助闔閭刺殺吳王僚，奪取王位，整軍經武，國勢日盛。不久，攻破楚國，以功封於申，又稱申胥。吳王夫差時，越王句踐請和，他勸吳王拒絕與越國議和並停止伐齊，太宰嚭從中進讒，漸被疏遠。後吳王賜劍命他自殺，他對人說：「抉吾眼，懸吳東門之上，以觀越寇之入滅吳也。」夫差聞之大怒，將他屍體盛於皮革囊中，沉到江裏。

〔9〕鯢鯨：此比喻方臘起義軍。

江上值雪戲成短歌〔1〕

我來自南今幾月，萬里不曾看點雪。艤舟江南煙水灣，雪作春風更奇絕。凍雲漠漠愁鎖空，初聞冰霰響窗蓬。鮫人泣下玉盤碎〔2〕，珠璣亂落層霄中。須臾雪片大如指，密灑江干浩無際。白帝從以萬玉妃，婀娜旗常墮雪水。回風飄舞轉交加，坐看汀洲鋪玉沙〔3〕。已驚綠柳早飛絮，更訝黃蘆還帶花。沙頭鳧鴈自儔侶，天暝雲寒去何處。漁翁獨立釣清江，披得一蓑非好句。梁溪居士初歸來，對此超然慰所懷。家在淮東阻行色〔4〕，晴天且為片時開。

〔校注〕

〔1〕江南道中所作。

〔2〕鮫人：神話傳說中的人魚。楊慎《升菴詩話‧子書傳記語似詩者》引《韓詩外傳》：「荊山不貴玉，鮫人不貴珠。」

〔3〕玉沙：比喻雪花。宋蘇軾《小飲清虛堂示王定國》詩：「天風淅淅飛玉沙，詔恩歸沐休早衙。」

〔4〕東：道光本作「南」。《四庫》本作「東」。

堯明以五詩贐行辭意激昂欽玩無已輒用第五首次韻為報聊發一笑〔1〕

吹臺一罇酒〔2〕，平昔接英遊。棘闈澹墨榜〔3〕，曾見成名秋。焉知江海上，乃復同唱酬。子如清廟器，端俟識者收。又如御廚珍，可用三公羞〔4〕。高志凜冰雪，妙語鏘琳球〔5〕。三年未飛鳴，一舉宜無儔。我

已謝世網，逝將老一丘。願子勉自愛，食肉鄙虎頭〔6〕。名節乃難立，富貴良易求。

〔校注〕

〔1〕江南道中及抵海陵作。堯明：疑是王俊義，字堯夫，一字堯明。泰州如皋（今屬江蘇）人。王觀之侄。宣和元年（1119），以太學上舍選奏，徽宗親閱其文，判為第一。蔡京遣人來約見，俊義拒不前往。僅拜國子博士。兩年後，乃得改太學博士。遷右司員外郎，為王黼所惡。以直秘閣出知岳州。卒年四十七。賕行：以財物送行。唐范攄《雲溪友議》卷一：「遂多以繒帛賕行。」

〔2〕吹，原作「次」，據道光本改。　　吹臺：一名禹王臺，位於河南開封，相傳為春秋時師曠吹樂之臺，漢梁孝王增築。因是文人墨客吟詩吹奏樂器的地方，故名。

〔3〕棘闈：用荊棘圈成的場地。

〔4〕三公：古代中央三種最高官銜的合稱。唐宋沿東漢之制，以太尉、司徒、司空為三公，但已非實職。羞：進獻：「羞玉芝以療饑」。

〔5〕琳球：比喻優秀人物或優美文辭。

〔6〕虎頭：謂頭形似虎，古時以為貴相。

蔣山佛果師為緣事來而此土方饑戲賦是詩以發一笑〔1〕

鍾山禪老天骨奇，叢林晏座如孤羆。諸方宗仰第一義〔2〕，說法舌作霹靂飛。年來為眾建廣廈，胸中結構良峨巍。修梁巨棟資喜捨〔3〕，瓶錫不憚東南馳〔4〕。飛騰道俗走檀越〔5〕，堆積金貝羅珠璣。此方旱潦異常歲，百里稚耋方流離。析薪鬻子給朝夕〔6〕，闔境半作嬰兒啼〔7〕。坐看緣事莫措手，卻欲反著僧伽梨〔8〕。未聞蘭若泣龍象〔9〕，好把信施賙寒饑。向來收拾大寶聚，隨手散盡真慈悲。惟師具眼得空觀〔10〕，稇載豈愁華橐歸〔11〕。吾言可聽勿惆悵，無價寶珠元在衣。

〔校注〕

〔1〕癸卯至甲辰歲作。蔣山：即鍾山。又名紫金山，在江蘇南京東北。

〔2〕宗仰：推崇景仰。第一義：佛教語。指最上至深的妙理。也稱第一義諦、真諦、勝義諦。與世諦、俗諦或世俗諦對稱。

〔3〕修梁：長梁。梁，木結構屋架中架在柱子上的長木。

〔4〕瓶錫：僧人所用的瓶缽和錫杖。亦借指僧侶或僧侶生涯。

〔5〕檀越：梵語音譯。施主。

〔6〕鬻子：賣兒女。《墨子‧經說下》：「王刀無變，糴有變，歲變糴，則歲變刀。若鬻子。」

〔7〕闔境：邊界以內的全部地方。有時指全國。

〔8〕僧伽梨：亦作「僧迦梨」。梵語的譯音。僧佛大衣名。為比丘所服「三衣」之一種。

〔9〕龍象：佛教語，欲為諸佛龍象，先做眾生牛馬。

〔10〕具眼：謂有識別事物的眼力。

〔11〕華，藍格本、道光本作「垂」。　　稛載：以繩束物，載置車上。

新開河食鱖魚戲成〔1〕

平湖渺漫煙蒼蒼，菰蒲擢秀新荷香〔2〕。漁舟演漾出深浦，舟中鮮鱖肥而臧〔3〕。傳呼就買不論價，得錢留魚魚眼光。細鱗哆口傳鬐鬣，斕斑點黑微塗黃〔4〕。巨盆汲水養餘息，撥剌奮尾猶洋洋。付庖薦酒擇困者，揮刀切玉芼桂薑〔5〕。曲生風味已醞藉，得此更使不可忘。松江之鱸不足憶，銀色詎數綿州魴〔6〕。惜哉行役難駐棹，一飽未許杯盤常。雨蓑煙笠乃吾事，安得獨釣青茫茫。

〔校注〕

〔1〕乙巳春赴奉常召如京作。開河：唐秦韜玉《隋堤》詩：「種柳開河為勝遊，堤前常使路人愁。」

〔2〕菰蒲：菰和蒲。南朝宋謝靈運《從斤竹澗越嶺溪行》詩：「蘋萍泛沉深，菰蒲冒清淺。」擢秀：謂草木之欣欣向榮。

〔3〕臧：善，美。

〔4〕傳，道光本作「偉」。　　「細鱗」二句：描寫鱖魚的形狀。鱖魚，體側扁，口大鱗細，黃綠色，有黑色斑點。哆：張口貌。鬐鬣：魚的脊鰭。

〔5〕切玉：割玉。形容刀劍鋒利。

〔6〕綿州魴：指綿州江里（今綿陽涪江）的魴魚，肥美異常。杜甫《觀打魚歌》對此專有描寫：「綿州江水之東津，魴魚鮁鮁色勝銀。漁人漾舟沉大網，截江一擁數百鱗……」

客言廬山往年之盛，今不逮遠矣，戲成此詩〔1〕

　　福地禪林海內無〔2〕，盛衰亦與世緣俱。祇應泉石不知老，長伴煙雲得自娛。種杏仙家今寂寞〔3〕，獻花衲子亦乾枯〔4〕。我生頗恨來遊晚，也勝不來空看圖。

〔校注〕

〔1〕自丁未秋罷相後作。

〔2〕福地禪林：指神仙居住之處。道教有七十二福地之說。亦指幸福安樂的地方。舊時常以稱道觀寺院。亦指寺院。僧徒聚居之處。

〔3〕種杏仙家：據《廬山記》，漢有董奉，結廬於廬山，為人治病，病癒者令栽五株杏樹，數年間居然成林。董奉是個神仙，所以稱種杏仙家。

〔4〕獻花衲子：《因果經》載有善慧仙人獻花釋迦故事。此聯化用杜甫《大覺高僧蘭若》詩意：「巫山不見廬山遠，松林蘭若秋風晚。一老猶鳴日暮鐘，諸僧尚乞齋時飯。香爐峰色隱晴湖，種杏仙家近白榆。飛錫去年啼邑子，獻花何日許門徒？」

戲贈東林珪老〔1〕

　　我遊廬阜南山北，師住二林東院西〔2〕。試問遠公求作佛〔3〕，何如陶令醉如泥〔4〕。苦邀名士同蓮社〔5〕，笑送幽人過虎溪〔6〕。千載風流久寥落，更煩拈出與提撕。

〔校注〕

〔1〕在湖外作。東林：指廬山東林寺。珪老（1083～1146）：即宋代高僧士珪，俗姓史，四川成都人，字竹庵，號老禪，曾在龍翔、天寧、褒禪、東林諸刹，後入閩（福建）主鼓山，更遷雁蕩能仁。韓駒有《送東林珪老遊閩二絕》，即為「珪老」離江西九江東林寺到福建而作。

〔2〕二林：廬山東林寺、西林寺合稱

〔3〕遠公：指晉高僧慧遠，居廬山東林寺，世人稱為遠公。

〔4〕陶令：指晉陶潛。陶潛曾任彭澤令，故稱。醉如泥：爛醉貌。《後漢書·周澤傳》「一歲三百六十日，三百五十九日齋。」

〔5〕士，原作「山」，據道光本改。　　蓮社：佛教淨土宗最初的結社。晉代廬山東林寺高僧慧遠，與僧俗十八賢結社念佛，因寺池有白蓮，故稱。

〔6〕虎溪：溪名。在廬山東林寺前。相傳晉慧遠法師居此，送客不過溪，過此，虎輒號鳴，故名虎溪。

雲居勤老以書見邀，不果往，戲作此頌寄之〔1〕

吾師脫浮玉〔2〕，振錫來雲居。江邊波浪已遠去，山頂風雷應晏如〔3〕。我來問津師草草〔4〕，咫尺雲岑悵難到〔5〕。師既拗折拄杖不出山，我亦把定韁繩不下道。試將此意示叢林，撫掌呵呵同絕倒。

〔校注〕

〔1〕及以下三首均在湖外作。雲居：猶隱居。唐賈島《送徐員外赴河中》詩：「雲居間獨往，長老出房迎。」　　不果：沒有成為事實；終於沒有實行。

〔2〕浮玉：傳說仙人居住的地方。任昉《同謝朓詠雪》：「散葩似浮玉，飛英若總素。」

〔3〕晏如：安定；安寧；恬適。

〔4〕草草：騷擾不安貌。

〔5〕岑，原注：「一作峰。」　　雲岑：雲霧繚繞的山峰。

戲賦墨畫梅花

道人畫手真三昧，力挽春風與遊戲〔1〕。露枝煙蕊忽嫣然，自得工夫畦徑外〔2〕。由來黑白無定姿，濃淡間錯相參差。炯如落月耿寒影，翳若宿霧含疏枝〔3〕。群芳種種徒繁縟，脫略丹青尤拔俗。妙質聊資陳氏煤，幽姿好伴文生竹〔4〕。世呼墨竹為墨君，此花宜稱墨夫人。鉛華不禦有餘態，世間顏色皆非真。年來妙觀齊空色，天花時露真消息。試煩幻出數千枝，不費梁溪一丸墨〔5〕。

〔校注〕

〔1〕道人：北宋畫家僧仲仁，號華光道人，會稽人，以善畫墨梅著名。三昧：佛家語，指事物的訣要或精義，詩中作繪畫藝術的奧秘講。遊戲三昧：佛教語。專心救濟眾生為遊戲。指神通自在，遊化眾生而自身無縛無礙之禪定。《祖堂集》《景德傳燈錄》等記唐代禪師普願：「南泉（普願）扣大寂（道一）之門，頓然忘筌，得遊戲三昧。」謂不拘名教，能超然自在地遊化世間。

〔2〕畦徑：田間小路。比作「常規」。指畦徑外，別具一格。

〔3〕這四句寫華光的用墨技藝。

〔4〕脫略丹青：不受彩色的拘束。文生竹：宋代畫家文與可畫的竹。四句寫華光墨
　　梅出類拔萃，可以和文與可的墨竹媲美。

〔5〕丸墨：古代墨以丸計，故稱墨為「丸墨」。末寫求為作畫的意願。

寓居通城僧舍東軒池蓮盛開竹庵珪老有意見過戲贈此篇

　　道人庵外萬竿竹，何似小池千葉蓮。月白風清誰共此，心閒境寂兩
倏然〔1〕。好拋筠粉娟娟淨〔2〕，來看荷珠的的圓。飛錫倘能真過我〔3〕，
直須趁取晚霜前〔4〕。

〔校注〕

〔1〕無拘無束貌；超脫貌。《莊子・大宗師》：「倏然而往，倏然而來而已矣。」

〔2〕筠粉：竹節上附著的白粉。唐白居易《畫竹歌》：「嬋娟不失筠粉態，蕭颯盡得
　　風煙情。」

〔3〕飛錫：佛教語。指遊方僧。

〔4〕晚，左選、道光本作「未」。

余久不飲酒雨過晚涼悠然獨酌戲成此篇

　　崎嶔歷落真可笑〔1〕，飄泊流離初不羞。蒼髯華髮老張鎬〔2〕，火色
鳶肩窮馬周〔3〕。身長九尺安所用，命酒一斗聊銷憂。醉中起舞頗自得，
慷慨不知風雨秋。

〔校注〕

〔1〕崎嶔歷落：形容性行卓異磊落。

〔2〕張鎬：《新唐書》卷一三九《張鎬傳》載：「張鎬，字從周，博州人。儀狀瑰偉，
　　有大志，視經史猶漁獵，然好王霸大略。少事吳兢，兢器之。遊京師，未知名，
　　率嗜酒鼓琴自娛。人或邀之，杖策往，醉即返，不及世務。」「鎬起布衣，二
　　期至宰相。」

〔3〕鳶肩：謂兩肩上聳，像鴟鳥棲止時的樣子。《國語・晉語八》：「叔魚生，其母
　　視之，曰：『是虎目而豕喙，鳶肩而牛腹。』」韋昭注：「鳶肩，肩井鬥出。」
　　馬周（601～648），字賓王，博州茌平（今屬山東）人，唐太宗時期吏部尚書，
　　著名政治家，曾任監察御史、中書令、太子右庶子、銀青光祿大夫。其出身於
　　貧窮百姓之家，從小失去父母，勤奮好學，精於《詩經》《春秋》。

讀東坡和淵明貧士詩寄諸子侄云重九俯邇樽俎蕭然今余亦有此歎因次其韻將錄寄梁溪諸弟以發數千里一笑〔1〕

其一

迂疏得遠謫，漂泊將何依。區區一寸心，未報三春暉。歲月不我與，急景驚翻飛。方看社燕來〔2〕，又見霜鴻歸。寬恩尚廩祿〔3〕，未迫寒與饑。荒山俯佳節，九月誠可悲。

〔校注〕

〔1〕在湖外作。

〔2〕社燕：燕子春社時來，秋社時去。故有「社燕」之稱。

〔3〕廩祿：祿米；俸祿。

其二

淒涼寓僧舍，寂寞坐松軒〔1〕。雖辭萬鍾祿〔2〕，尚未自灌園。仲尼猶在陳〔3〕，我廚晨有煙。藜羹得一飽，滴露味自研〔4〕。寒窗寫周易，更詠五千言〔5〕。儒生真可笑，餓隱稱其賢。

〔校注〕

〔1〕松軒：植有松樹的住所。

〔2〕萬鍾：指優厚的俸祿。鍾，古量名。

〔3〕仲尼：孔子的字。孔子名丘，春秋魯國人。在陳：見「在陳之厄」。

〔4〕味自研：《李綱全集》作「味自甜」，原注：「一作殊自研。」《四庫》本、傅本、道光本皆作「味自研」。

〔5〕五千言：《史記・老子韓非列傳》：「老子乃著書上下篇，言道德之意五千餘言而去，莫知所終。」後以「五千言」為老子《道德經》的代稱。

其三

何以寫我意，寄之朱絲琴。鍾期久已死，千古無知音〔1〕。棄置不復彈，調家難繹尋。東籬採青蘂，濁酒聊孤斟〔2〕。千駟所不顧，一斗誠可欽〔3〕。陶然又復醉，誰識淵明心。

〔校注〕

〔1〕鍾期：即鍾子期。

〔2〕東籬：園圃名。用陶淵明典。

〔3〕千駟：四千匹馬，言馬多。

其四

肮髒老張鎬，寂寞窮黔婁〔1〕。古人日已遠，此意誰復酬。墨翟突不黔〔2〕，仲尼轍環周。豈為一身計，實懷四海憂。沮溺但躬耕〔3〕，吾豈斯人儔。有酒且徑醉〔4〕，無酒不必求。

〔校注〕

〔1〕肮髒：高亢剛直貌。黔婁：人名。據漢劉向《列女傳・魯黔婁妻》載，黔婁為春秋魯人。

〔2〕墨突不黔：謂墨子四處奔波，無暇安居，故而灶突（煙囪）不黑。後常用作生活困窘的典故。

〔3〕但，《李綱全集》、道光本作「且」，原注：「一作但。」《四庫》本作「但」。沮溺：春秋時隱士長沮、桀溺的合稱。喻指避世隱居之士。《論語・微子》：「長沮桀溺耦而耕，使子路問津焉。」王維《皇甫岳雲溪雜題五首・上平田》：「借問問津者，寧知沮溺賢。」

〔4〕醉，原作「歸」，據道光本改。

其五

佳晨迫九日，旅食寓江干。頗同謫仙人，漂泊來銅官〔1〕。樽俎何蕭條〔2〕，菊藥漸可餐。回風吹青松，慘慘歲將寒。但有杯中物，不愧簞瓢顏〔3〕。一觴復一詠，明月窺禪關〔4〕。

〔校注〕

〔1〕銅官：地名，在今長沙湘江東岸。

〔2〕何，原作可，據藍格本，道光本改。

〔3〕簞瓢：盛飯食的簞和盛飲料的瓢。亦借指飲食。

〔4〕禪關：禪門。

其六

自我去廊廟〔1〕，遠舉如飛蓬。徇道敢懷祿〔2〕，謀身殊未工。空餘耿耿心，不慚楚兩龔〔3〕。幸然諸季賢，意氣與我同。何當恩聽歸，兵息道路通。卻尋惠山路，杖策得相從。

〔校注〕

〔1〕廊廟：殿下屋和太廟。指朝廷。

〔2〕徇道：不惜身以維護正道。徇，通「殉」。懷祿：留戀爵祿。

〔3〕楚兩龔：《漢書・兩龔傳》：「兩龔皆楚人也。（龔）勝字君賓，（龔）舍字君倩，二人相友，並著名節，故世謂之楚兩龔。」指漢代楚之龔勝與龔舍品格高潔。

其七

我家梁溪上，夢墮江湖州。塊處無與語，誰復為朋儔。遠懷作重陽，置酒臨清流。插花獨我少〔1〕，感物增離憂。我亦事杯杓，阿宗相獻酬〔2〕。欲寄一枝菊，川途方阻修。

〔校注〕

〔1〕我少，道光本作「少我」

〔2〕阿宗：不詳其人。獻酬：謂飲酒時主客互相敬酒。

重陽日醉中戲集子美句遣興（二首）

其一

青山落日江湖白〔1〕，飄零已是滄浪客〔2〕。老去悲秋強自寬〔3〕，青蕊重陽不堪摘〔4〕。東流江水西飛燕〔5〕，傳語風光共流轉〔6〕。急觴為緩憂心搗〔7〕，休語艱難尚酣戰〔8〕。聖朝尚飛戰鬥塵〔9〕，何用浮名絆此身〔10〕？時復看雲淚橫臆〔11〕，晚來幽獨恐傷神〔12〕。

〔校注〕

〔1〕見上《胡笳十八拍》之十八〔6〕注。

〔2〕杜甫《惜別行，送向卿進奉端午御衣之上都》句。　飄，《全唐詩》作「漂」。「少陵歎飄零」已成典故。

〔3〕杜甫《九日藍田崔氏莊》句。　老去：此是李綱的自嘲。

〔4〕杜甫《歎庭前甘菊花》句。　青蕊：指花蕊還是青的，沒有開放。

〔5〕杜甫《春日戲題惱郝使君兄》句。　古樂府：東飛伯勞西飛燕，黃姑織女時相見。

〔6〕杜甫《曲江二首》其二句。　共流轉：一同盤桓遊玩。

〔7〕杜甫《蘇端、薛復筵簡薛華醉歌》句。　急，《全唐詩》校「一作羽」。

〔8〕杜甫《湖城東遇孟雲卿，復歸劉顥宅宿宴，飲散因為醉歌》句。　　語，《全
　　唐詩》校「一作話」。　　酣戰：此指宋金之間的戰爭。

〔9〕杜甫《暮秋枉裴道州手札，率爾遣興，寄近呈蘇渙侍御》句。

〔10〕杜甫《曲江二首》其一句。

〔11〕杜甫《苦戰行》句。　　復，《全唐詩》作「獨」。

〔12〕杜甫《題鄭縣亭子　鄭縣遊春亭在西溪上一名西溪亭》句。　　幽獨：《楚辭·九
　　章·涉江》：「哀吾生之無樂兮，幽獨處乎山中。」

其二

籬邊老卻陶潛菊〔1〕，開花無數黃金錢〔2〕。且看欲盡花經眼〔3〕，飲
如長鯨吸百川〔4〕。只今漂泊干戈際〔5〕，方外酒徒稀醉眠〔6〕。腐儒衰晚
謬通籍〔7〕，杜曲幸有桑麻田〔8〕。故畦遺穗已蕩盡〔9〕，中原君臣豺虎邊
〔10〕。安得務農息戰鬥〔11〕？武陵欲問桃花源〔12〕。

〔校注〕

〔1〕杜甫《秋盡》句。　　陶潛菊：陶潛詩「采菊東籬下，悠然見南山。」

〔2〕杜甫《秋雨歎三首》其一句。　　黃金錢：此指菊花色淡黃，形狀如金錢。

〔3〕杜甫《曲江二首》其一句。　　經，《全唐詩》校「一作驚」。

〔4〕杜甫《飲中八仙歌》句。

〔5〕杜甫《丹青引，贈曹將軍霸》句。　　只，《全唐詩》作「即」。

〔6〕杜甫《逼仄行，贈畢曜》句。　　方外：世俗之外。

〔7〕杜甫《題省中院壁》句。　　通籍：籍錄官員姓名年紀的竹牒，這裡指初登仕
　　版。謬通籍：錯誤地錄入仕籍。

〔8〕杜甫《曲江三章，章五句》其三句。　　杜曲：地名，在長安城南，杜氏世居於
　　此。　　桑麻田：唐代均田制中有永業田，永業田終身不還。自北魏以來，永
　　業田依法要種桑五十株，產麻地要種麻十畝，故統稱為桑麻田。

〔9〕杜甫《白鳧行》句。

〔10〕杜甫《晝夢》句。　　豺虎邊：指處於金兵的威脅中。

〔11〕杜甫《晝夢》句。　　務農：以農業生產為急務。

〔12〕杜甫《赤谷西崦人家》：「如行武陵暮，欲問桃花宿。」此化用杜詩五言為七言，
　　並用陶潛《桃花源記》中事。

客有饋玉面狸者戲賦此詩〔1〕

山林冬暖草未衰，深岩穴處狸正肥。豐茸斑毨面妝玉，搖曳修尾氂如犛〔2〕。夜行晝伏彼何罪，失身終墮網與機。庖廚須爾充口腹，幾欲斷尾同犧雞。蒸炊包裹付糟滓，酥香玉軟豐膚肌。霜刀縷切膩且滑，犀箸厭飫良珍奇〔3〕。猩唇熊白不足數〔4〕，披絮黃雀空多脂〔5〕。樽前風味乃如許，為爾倒盡黃金卮。

〔校注〕

〔1〕在湖外作。玉面狸：狸的一種。又稱牛尾狸，果子狸。面白色，尾似牛，喜吃果實，捕鼠勝於貓。

〔2〕氂：即毛。犛：長髦牛。

〔3〕犀箸：用犀角製成的筷子。

〔4〕熊白：熊背上的白脂，為珍貴美味。

〔5〕披絮：即披綿。指肥，脂厚。蘇軾《送牛尾狸與徐使君》：「披綿黃雀漫多脂。」牛尾狸，即玉面狸。

嶠南僧罕遵戒律，況向上事。獨琮師隱居湖岩，絕不至城市，超然拔俗。聞余來，策杖見過。與語可人，知為飽參衲子也。詢其所見，蓋嘗從長蘆了遊了居。長蘆聚徒至千五百眾，道價籍甚。江淮間，余雖不之識，然聲氣相合，心期自親，嘗辱貽問。今見琮，益知了之門風孤峻，真楷老兒孫也。退處天台，琮將浮海訪之。因賦詩贈琮，且簡了公。異時得歸，決須相隨於石橋側，可以握手一笑。梁溪居士云〔1〕

萬里謫官來海嶠〔2〕，眼中衲子見絕少。方袍圓頂動成群〔3〕，與俗不同秖其表。琮師乃是雷陽人〔4〕，徧歷叢林參學飽。〔5〕歸來卜築瘴海濱，十里湖光岩洞小。深居不復踏城市，宴坐惟知侶猿鳥。惠然過我意良勤，野鶴孤雲自輕矯。風姿已含蔬筍氣〔6〕，語論更將藤葛繞。黃茅深處見松筠〔7〕，使我困箱欲傾倒。為親聊復戀幽棲，訪舊終須乘濟渺。〔8〕煩師飛錫過天台〔9〕，為問了公何法了。

〔校注〕

〔1〕海南及歸自瓊管作。嶠南：指嶺南。《後漢書·馬援傳》：「援將樓船大小二千餘艘，戰士二萬餘人，進擊……斬獲五千餘人，嶠南悉平。」戒律：宗教禁止

教徒某些不當行為的法規。如佛教有五戒、十戒、二百五十戒等類。道教亦有五戒、十戒、一百八十戒等類。《百喻經·蛇頭尾共爭在前喻》：「如是年少，不閑戒律，多有所犯，因即相率入於地獄。」琮師：孫琮。《雷州府志》卷之十八載：孫琮「師居湖光岩。建炎三年，丞相李綱貶雷遊岩，師來謁贈之。」李綱《梁溪集》有《贈琮師》《還至城月別琮師》二詩。又據王象之《輿地紀勝》載，李綱《梁溪集》中《贈琮師》一詩，標題增「嶠南」二字。道價：僧家在修持方面的聲望。宋王十朋《哭純老》詩：「莫年住甌閩，道價高遠邇。」

〔2〕海嶠：海邊山嶺。唐張九齡《送使廣州》詩：「家在湘源住，君今海嶠行。」

〔3〕方，原作「古」，原注：「一作方。」傅本作「方」，據改。　方袍：僧人所穿的袈裟。因平攤為方形，故稱。唐許渾《泊蒜山津聞東林寺光儀上人物故》詩：「雲齋曾宿借方袍，因說浮生大夢勞。」

〔4〕雷陽：指雷州。此句故意隱瞞孫琮故里福建邵武，與李綱是同鄉。

〔5〕參學：佛教謂參訪大德，雲遊修學。亦泛指遊學。

〔6〕蔬筍：蔬菜和筍。宋王明清《揮麈後錄》卷二：「康節云：『野人豈識堂食之味，但林下蔬筍，則嘗吃耳。』」

〔7〕黃茅：茅草名。唐白居易《代書詩一百韻寄微之》：「官舍黃茅屋，人家苦竹籬。」

〔8〕濟渺：水勢廣大彌漫，無邊無際。

〔9〕飛錫：佛教語。謂僧人等執錫杖飛空。據《釋氏要覽》卷下：「今僧遊行，嘉稱飛錫。此因高僧隱峰遊五臺，出淮西，擲錫飛空而往也。若西天得道僧，往來多是飛錫。」《文選·孫綽〈遊天台山賦〉》：「王喬控鶴以衝天，應真飛錫以躡虛。」李周翰注：「應真，得真道之人，執錫杖而行於虛空，故云飛也。」

海南黎人作過，據臨皋縣，驚劫傍近。因小留海康，十一月望聞官軍破賊，二十日戒行，戲作兩絕句〔1〕

其一

海上群黎亦弄兵，征車數月旅山城。稽留謫命兢惶甚〔2〕，正坐緋巾懲沸羹〔3〕。

〔校注〕

〔1〕作過：特指叛亂、鬧事等。宋歐陽修《論乞詔諭陝西將官劄子》：「（元昊）所請之事，必難盡從，事既不成，元昊必須作過。」海康：今雷州半島，隋文帝開皇九年（公元 589 年）之「置海康縣，為合州治」。

〔2〕稽留：延遲；停留。《墨子‧號令》：「傳言者十步一人，稽留言及乏傳者斷。」
孫詒讓間詁引蘇時學曰：「稽留謂不以時上聞。」

〔3〕沸羹：比喻動盪混亂的局勢。

其二

沉沉碧海絕津涯，一葉凌波亦快哉。假使黑風漂蕩去，不妨乘興訪蓬萊。

琮師送至城月驛戲成兩絕句以答其意〔1〕

其一

衲子來參去不辭，何勞飛錫遠相追〔2〕。贈師銀布牢收取，便是金襴付囑時〔3〕。

〔校注〕

〔1〕城月驛：即今廣東遂溪縣西南城月鎮。

〔2〕飛錫：佛教語。指僧人遊方。

〔3〕金襴：佛教僧尼穿著的金色袈裟。《古尊宿語錄》卷二：「世尊傳金襴外，別傳何法？」

其二

好住湖岩攝此心，有緣終會有知音。梁溪老去孤峰頂，月白風清難更尋。

海上得孔雀六、鸚鵡十餘，攜歸遺童稚輩，戲成二絕句

其一

鳳友鸞朋出海邦，金花翠尾爛文章〔1〕。梁溪臺紹今何似〔2〕，歸伴胎仙取次翔〔3〕。

〔校注〕

〔1〕形容孔雀、鸚鵡色彩金黃豔麗，像不易敗落的花朵。

〔2〕紹，藍格本、道光本作「沼」。　　梁溪、臺紹：均為地名。一在浙江，一在福建。

〔３〕胎仙：鶴的別稱。古代鶴有仙禽之稱，又相傳胎生，故名。《釋名》引《相鶴
　　經》：「鶴乃羽族之宗，仙人之驥，千六百年乃胎產，則胎仙之稱以此。世謂鶴
　　不卵生者誤矣。」

其二

綠衣紺趾已能飛，學語交交未轉時。不是蓬萊花鳥使，攜歸聊與調
群兒。

過黃石驛十許里，巖石間懸瀑澉射聲隱然，真小三峽也。命僕夫剪剔翳薈，為行者清心駭目之觀，戲成兩絕〔１〕

其一

玉濺珠跳雷電聲，岩端飛瀑蔽林茷〔２〕。呼童取斧開蒙密，一使行
人心目清。

〔校注〕

〔１〕道中作。黃石驛：在今廣東龍川縣附近。小三峽：在重慶巫山境內。翳薈：草
　　木茂盛，可為障蔽。
〔２〕林茷：猶林莽；林木。

其二

終日崎嶇山谷間，雨餘林下水潺潺。炎方六月不知暑〔１〕，端為先生
從此還。

〔校注〕

〔１〕炎方：泛指南方炎熱地區。

興國璨老浴堂新成，以伽佗見示，戲成三絕句〔１〕

其一

湛然定水滿新池〔２〕，試浴金毛獅子兒〔３〕。普願眾生盡無垢〔４〕，此
身何惜汗成泥。

〔校注〕

〔１〕辛亥歲以後作。興國：縣名。在江西省南部贛州。
〔２〕定水：佛教語。澄靜之水。喻禪定之心。

〔3〕金毛獅子兒：指佛教文殊世尊所乘座騎「金毛獅子」。

〔4〕無垢：佛教語。謂清淨無垢染。多指心地潔淨。

其二

湯泉海湧氣雲蒸，垢去心安身倍輕。誰道圓通非外護〔1〕，卻因妙觸得宣明〔2〕。

〔校注〕

〔1〕圓通：通達事理；處事靈活。

〔2〕宣明：公開表明，毫無隱瞞。

其三

池中已具八功德〔1〕，浴處還敷七淨華〔2〕。妙體本來塵不染，何妨癢處與抓爬〔3〕。

〔校注〕

〔1〕八功德：佛教語。《大乘義章·十功德義三門分別》：「功謂功能，能破生死，能得涅槃，能度眾生，名之為功。此功是其善行家德，故云功德。」

〔2〕七淨華：佛教語。原出《維摩詰所說經·佛道品》：「八解之浴池，定水湛然滿，布以七淨華，浴此無垢人。」頌文要求修持「八解脫。禪法者，應該增加「七淨」的內容。此七淨，據譯者鳩摩羅什注：一戒淨、二心淨、三見淨、四度疑淨，五分別道淨、六行斷知見淨、七涅槃淨。

〔3〕指心裏懷的強烈願望或身上存在的突出問題。

宿疏山戲成一絕〔1〕

疏山緣熟豈無由，暫到人人識故侯〔2〕。臨別殷勤語禪子，秪來託宿不來遊。

〔校注〕

〔1〕自壬子歲宣撫荊廣赴長沙以後作。疏山：位於江西撫州金溪縣城修古鎮。《江西通志》載：「疏山，本梁周迪營地。唐大中時何仙舟棄官讀書於此，有釣臺書屋，因號書山。後為白雲禪師道場，南唐改今名。」

〔2〕故侯：此指作者自己。典出西漢召平。唐陳子昂《感遇》詩之十四：「西山傷遺老，東陵有故侯。」參見「故侯瓜」。

端禮知宗寵示水石六軸戲作此詩歸之〔1〕

閩溪盤屈七百里，灨水湍瀉十八灘。何人作此極變態，使我當暑毛骨寒。小山屹立奔猛裏，飛浪洶動巉岩間。喧豗似有雷霆響，回薄乍疑霜雪翻。枯槎石上盡堅瘦，蒼波噴浸尺度慳。畫工不復畫舟檝，意謂絕險無敢干。豈知操舟若神者，出沒濤瀨心甚閒。崎嶇世路更巇惡，返視此畫平而安。

〔校注〕

〔1〕自癸丑歲歸抵三山以後作。端禮、知宗：名不詳。宋王十朋有《次韻濮十太尉〈詠知宗牡丹七絕〉》，宋陽枋有《和知宗喜雨》

庭中酴醾盛開，二甥以詩來，戲和其韻〔1〕

栽培初不棄葑菲〔2〕，桃李無言下自蹊。試營小圃供幽奇，野趣獨與閒相宜。邇來落葉子滿枝〔3〕，新花璨發歸酴醾。濛濛煙雨濕冰姿，湯泉乍洗溫柔肌。玉人胡為在軒墀，態濃意遠芬蘭芝。月華萬里來清輝，照耀光彩通屏帷。青雲宛轉蟠素螭〔4〕，高架上與飛甍齊。客來花下同圍棋，對花不怕輸吟詩。帝鄉富貴未可幾，淵明之語真良規。一杯相屬慎勿辭，我方餔糟啜其醨〔5〕。醉中不省今何時，胸次洞達元無疵。山林正好相娛嬉，朝廷漸有中興期。羲和鞭日不肯遲，海水清淺蓬萊池。飛花雪落白玉巵，起舞鶴氅風前披〔6〕。

〔校注〕

〔1〕甲寅秋至乙卯已後作。

〔2〕葑菲：《詩·邶風·谷風》：「采葑采菲，無以下體，德音莫違，及爾同死。」葑：即蕪菁。菲：蕪菁類植物。下體：指根莖。葑、菲的葉子和根莖都能吃，但根莖有苦味，《詩經》句意為采葑采菲的人，不要因為根莖有苦味，連葉子也不採了。以此比喻夫妻關係，即不要因為妻子容顏衰老就加以拋棄。此用其本義。

〔3〕落，朱本、道光本作「綠」。

〔4〕蟠素螭：盤曲的無角之白龍。常用作器物的裝飾。《漢書》中有「赤螭」的記載，古人校注說赤螭是雌龍。

〔5〕餔糟：飲酒；吃酒糟。比喻屈志從俗，隨波逐流。

〔6〕鶴氅：鳥羽製成的裘。

卷　二

綦崇禮

綦崇禮（1083～1142），字叔厚，世稱北海先生。高密（今山東）人，後徙北海（今山東濰坊）。徽宗重和元年（1118）太學上舍及第。累官至中書舍人，出知漳、明二州，後以翰林學士兼侍讀出知紹興府。退居台州以終。著有《北海集》。今錄戲謔詩 2 首。

蒙成大亨分送紫蘇且以前書有戲謔語垂示解嘲輒次元韻〔1〕

先生昔為吏，敏政便劇繁〔2〕。利刃無錯節〔3〕，大邑如烹鮮〔4〕。民曹與廷尉〔5〕，眾紛常裕然〔6〕。胡為棄九卿〔7〕，歲晚來灌園〔8〕。分陰在所惜，寸地不忍閒。草木苟有用，豈憚遠移根。從來憂世心，中懷百慮煎。栽梅期鼎實〔9〕，無取寒花妍。植竹待威鳳〔10〕，肯羨冥鴻騫。此志未云遂，亦足留風煙。山泉釀賢聖，艷曲聽嬋娟。引酌梅竹下，醉臥雲峰前。何以解其醒，玉筍捧甌圓〔11〕。香泛紫蘇飲，醒心清可憐。洗滌曲糵昏〔12〕，還觀神明全。先生得此物，手種當春天。耘培供採掇，內熱常得痊。云何失滋茂，無乃人力愆。因疑課督功，多稼移大田。循例猶見分，乞鄰問東阡。不耐作戲語，解嘲來巨篇。珠玉隱光彩，入城驚市廛〔13〕。風霜已落木，洞戶宜垂氈〔14〕。何當擁爐夜，一樽同笑言。

〔校注〕

〔1〕成大亨：字正仲。河間府人，紹興初寓台州天台縣。元符三年登進士第。歷左朝散大夫、戶部員外郎。仕至直秘閣。紫蘇：又名桂荏。一年生草本植物，莖方形，花淡紫色，種子可榨油，嫩葉可以吃，葉、莖和種子均可入藥。戲謔語：開玩笑。

〔２〕劇繁：指繁忙的事務。《宋史・王博文傳》：「博文以吏事進，多任劇繁。」

〔３〕錯節：指木中交錯連結之處。常用以喻艱難繁雜之事。《後漢書・虞詡傳》：「不遇盤根錯節，何以別利器乎？」

〔４〕大邑：猶大邦。殷周時尊稱上國之詞。亦用以自稱。《書・武成》：「天休震動，用附我大邑周。」《孟子・滕文公下》：「惟臣附於大邑周。」楊伯峻注：「甲文中有『大邑商』『天邑周』之辭。金文中亦有『大邑周』之辭，不僅別人尊之如此稱呼，自稱亦如此（『大邑』即『天邑』）。」烹鮮：語本《老子》：「治大國若烹小鮮。」後以「烹鮮」比喻治國便民之道，亦比喻政治才能。《後漢書・循吏傳贊》：「政畏張急，理善烹鮮。」

〔５〕民曹：官署名。漢成帝初置。後世名稱多變，職責也並不完全相當。至隋時定名為民部，唐高宗時避太宗李世民諱，又改稱戶部，因亦用作戶部的代稱。《後漢書・百官志三》：「尚書六人，六百石。本注曰：『成帝初置尚書四人，分為四曹……民曹尚書主凡吏上書事；客曹尚書主外國夷狄事。』」劉昭注引蔡質《漢舊儀》：「（民曹）典繕治、功作、監池、苑、囿、盜賊事。」廷尉：官名。秦始置，九卿之一，掌刑獄。漢初因之，秩中二千石。景帝時改稱大理，武帝時復稱廷尉。東漢以後，或稱廷尉，或稱大理，又稱廷尉卿。北齊至明清皆稱大理寺卿。參閱《漢書・百官公卿表上》、《續文獻通考・職官十三》、《歷代職官表》卷二「大理寺」。

〔６〕裕然：自足貌。宋羅大經《鶴林玉露》卷三：「推其所由，惟不汲汲於進而志在於退，是以能安於去就愛憎之際，每裕然而有餘也。」

〔７〕九卿：古代中央政府的九個高級官職。《周禮・考工記・匠人》：「外有九室，九卿居焉。」鄭玄注：「六卿三孤為九卿，三孤佐三公論道，六卿治六官之屬。」歷代多設九卿。周以少師、少傅、少保、冢宰、司徒、宗伯、司馬、司寇、司空為九卿。秦以奉常、郎中令、衛尉、太僕、廷尉、典客、宗正、治粟內史、少府為九卿。漢以太常、光祿勳、衛尉、太僕、廷尉、大鴻臚、宗正、司農、少府為九寺大卿（即九卿）。以後各朝的名稱、司職略有不同。

〔８〕灌園：從事田園勞動。後謂退隱家居。《史記・商君列傳》：「君之危若朝露，尚將欲延年益壽乎？則何不歸十五都，灌園於鄙。」

〔９〕鼎實：鼎中所盛之物。語出《易・鼎》：「九二，鼎有實。」漢賈誼《新書・諭誠》：「及智伯分吾以衣服，餧吾以鼎實，舉被而為禮，夫國士遇我，我固國士為之報。」

〔10〕威鳳：瑞鳥。舊說鳳有威儀，故稱。《關尹子·九藥》：「威鳳以難見為神，是以聖人以深為根。」《漢書·宣帝紀》：「九真獻奇獸，南郡獲白虎威鳳為寶。」顏師古注引晉灼曰：「鳳之有威儀者也，與《尚書》『鳳皇來儀』同意。」

〔11〕玉筍：喻女子手指。唐韓偓《詠手》：「腕白膚紅玉筍芽，調琴抽線露尖斜。」宋孫惟信《風流子》詞：「記玉筍攬衣，翠囊親贈，繡巾拭淚，金柳初攀。」

〔12〕曲蘖：亦作「曲櫱」，亦作「曲孽」。酒麴。《書·說命下》：「若作酒醴，爾惟曲蘖。」孔傳：「酒醴須曲蘖以成。」漢王充《論衡·率性》：「酒之泊厚，同一曲蘖。」唐沉亞之《賢良方正能直言極諫策》之一：「眾庶之氣，雜於陰陽，陶於變化者，其由曲孽乎！」宋蘇軾《鹽官大悲閣記》：「秔稻以為酒，曲蘖以作之。」

〔13〕市廛：市中店鋪。語本《孟子·公孫丑上》：「市，廛而不征。」趙岐注：「廛，市宅也。」晉左思《蜀都賦》：「亞以少城，接乎其西，市廛所會，萬商之淵。」

〔14〕洞戶：房間與房間門戶相通。《後漢書·梁冀傳》：「堂寢皆有陰陽奧室，連房洞戶。」

德升勸酒為已懋尚書壽予即席賦長句以代俳諧〔1〕

禁掖東西曾並直〔2〕，鑾坡先後亦聯名〔3〕。那知白髮歸田舍，卻見朱輈涖海城〔4〕。往事回頭真是夢，流年屈指只堪驚。一杯相屬公應悉，冷暖難移故舊情。

〔校注〕

〔1〕德升，即李德升，名擢，濟南人，曾任工部侍郎、徽猷閣學士。其為李擢從兄，曾在天台收養李擢的三個幼子。陳與義有《康州小舫與耿百順、李德升、席大光、鄭德象夜語，以「更長愛燭紅」為韻，得更字》詩，他們都是當時流落嶺南的人。已懋：胡交修，字已懋。《咸淳毗陵志》卷一七：「胡交修字已懋，登崇寧二年第。由翰林學士、知制誥拜刑部尚書。」俳諧：詼諧戲謔；詼諧戲謔的言辭。《北史·文苑傳·侯白》：「（侯白）通儻不持威儀，好為俳諧雜說。」《新唐書·敬播傳》：「嘗集俳諧十五篇，為太子歡。」

〔2〕禁掖：謂宮中旁舍。亦泛指宮廷。唐杜甫《奉留贈集賢院崔於二學士》詩：「欲整還鄉旆，長懷禁掖垣。」

〔3〕鑾坡：唐德宗時，嘗移學士院於金鑾殿旁的金鑾坡上，後遂以鑾坡為翰林院的別稱。宋王安石《送鄆州知府宋諫議》詩：「綸掖清光注，鑾坡茂渥沾。」

〔4〕朱轓：車乘兩旁之紅色障泥。《漢書・景帝紀》：「令長吏二千石車朱兩轓，千
石至六百石朱左轓。」顏師古注引應劭曰：「所以為之藩屏，翳塵泥也。」後
常以「朱轓」指貴顯者之車乘。

李 擢

　　李擢（？～1153）字德升，奉符（今山東泰安）人。紹興中官徽猷閣直學
士，左朝請郎，提舉江州太平觀。今據《全宋詩訂補》補輯漏收詩人李擢戲謔
詩 15 首。

次韻洪成季寧川即事五首〔1〕

其一

　　高懷厭符竹〔2〕，幽尋寄林廬。居鄰無二仲〔3〕，從公定誰歟？〔4〕

〔校注〕

〔1〕輯自《全宋詩訂補》第 822 頁。洪擬（1071～1145），字成季，又字逸叟，時
　　　人稱淨智先生，鎮江丹陽（今屬江蘇）人。紹聖元年（1094）進士。官吏部尚
　　　書。其詩有好議論的特點，如「人生真寄耳，何必賦歸歟」，「我已夢為蝶，咄
　　　哉為罷休」（《寧海五詠》）。著有《淨智先生集》與《杜甫詩注》二十卷，今已
　　　佚。

〔2〕高懷：大志；高尚的胸懷。符竹：《漢書‧文帝紀》：「（二年）九月，初與郡守
　　　為銅虎符、竹使符。」顏師古注引應劭曰：「銅虎符第一至第五，國家當發兵
　　　遣使者，至郡合符，符合乃聽受之。竹使符皆以竹箭五枚，長五寸，鐫刻篆書，
　　　第一至第五。」後因以「符竹」指郡守職權。

〔3〕二仲：指漢羊仲、裘仲。

〔4〕自注：右山寺寓居。

其二

對面隔九疑〔1〕，毀言若深矛。誰能知許事，默坐心自休。〔2〕

〔校注〕

〔1〕九疑：指「九嶷山」。又名蒼梧山。位於湖南省南部永州市寧遠縣境內。

〔2〕自注：右對客隱几。

其三

鄴書多插架，孔易三絕編〔1〕。晴窗一榧幾〔2〕，開卷自逌然。〔3〕

〔校注〕

〔1〕三絕編：三絕韋編，韋：熟牛皮。連編竹簡的皮繩斷了三次。比喻讀書勤奮刻苦。

〔2〕榧（fěi）：常綠喬木，種子有很硬的殼，兩端尖，稱「榧子」，仁可食，亦可入藥、榨油。木質堅硬，可做建築材料。通稱「香榧」。

〔3〕自注：右晚晴讀書。　逌（yōu）然：閒適貌；自得貌。

其四

酒熟聊自適，詩成那可論。豈無共飲客，煩公常閉門。〔1〕

〔校注〕

〔1〕自注：右窗下獨酌。

其五

疏簾坐清夜，遙山聳高棱。聊將輕世志，卻對讀書燈。〔1〕

〔校注〕

〔1〕自注：右書齋夜坐。

上元夜坐再用成季韻戲作五首

其一

胡塵暗鄉縣，歸夢迷舊廬。殊方今老矣，吾道固非歟？〔1〕

〔校注〕

〔1〕自注：右山寺寓居。

其二

世豈無士季〔1〕，厭見戟與矛。何如從表聖，築亭賦休休。〔2〕

〔校注〕

〔1〕士季：歷史上罕見複姓。《鄭通志・氏族略》收載。其注云：「姬姓。晉士氏之子士季，生渥濁，為士季氏。」此亦以名為氏。按：《姓氏考略》據《姓氏英賢傳》注云：「晉士芳之後有士彌牟，別為士季氏。」與鄭說微別。

〔2〕自注：右對客隱几。　　休休：出自《書・秦誓》：「其心休休焉，其如有容。」形容君子喜樂正道，心懷寬容，氣魄弘大。

其三

干時乏長策〔1〕，娛老只陳編。寧知俯晴日，病眸已茫然。〔2〕

〔校注〕

〔1〕干時：猶言治世；用世。

〔2〕自注：右晚晴讀書。

其四

一酌復一酌，醉著那更論。亦有舊雨客，春寒不到門。〔1〕

〔校注〕

〔1〕自注：右窗下獨酌。

其五

今夕復何夕？書帷怯寒棱〔1〕。兒童自嬉戲，供佛喧張燈。〔2〕

〔校注〕

〔1〕怯，《天台續集別編》卷第六作「怯」；《全宋詩訂補》作「忙」。

〔2〕自注：右東齋夜坐。

德升尚書再用前韻見示五絕

塵埃暗宮錦，耒耜安田廬〔1〕。陳力知不能〔2〕，不止獨何歟？〔3〕

〔校注〕

〔1〕耒耜：古代耕地翻土的農具。耒是耒耜的柄，耜是耒耜下端的起土部分。借指耕種。

〔2〕陳力：借指所任職位。

〔3〕自注：右山寺寓居。

其二

邊書又插羽〔1〕，世用在持矛。空言客何務，問事其少休。〔2〕

〔校注〕

〔1〕又，《訂補》作「猶」。　　邊書：寄自邊地的書信。插羽：古代軍書插羽毛以
　　示迅急。

〔2〕自注：右對客隱几。

其三

晴日照窗幾，閒意娛簡編。自首繡鞶帨〔1〕，今吾豈其然。〔2〕

〔校注〕

〔1〕鞶帨（pán shuì）：腰帶和佩巾。

〔2〕自注：右晚晴讀書。

其四

忘憂有妙理，細與麴生論〔1〕。相攜醉鄉去，醒見月當門。〔2〕

〔校注〕

〔1〕麴生：唐鄭棨《開天傳信記》載：道士葉法善，居玄真觀，有朝客數十人來訪，
　　解帶淹留，滿座思酒。突有一人傲睨直入，自稱麴秀才，抗聲談論，一座皆驚，
　　良久暫起，如風旋轉。法善以為是妖魅，俟其復至，密以小劍擊之，隨手墜於
　　階下，化為瓶榼，醲醞盈瓶。坐客大笑飲之，其味甚佳。「坐客醉而揖其瓶曰：
　　『麴生風味，不可忘也。』」後因以「麴生」作酒的別稱。

〔2〕自注：右窗下獨酌。

其五

一時盛意氣，四海竦風棱。我懷非此念，兀坐對寒燈。〔1〕

〔校注〕

〔1〕自注：右書齋夜坐。以上宋林表民《天台別集》卷六。

奉和德升尚書探梅之什仍用元韻

　　題詩曾動何郎興〔1〕，寄遠猶傳陸凱名〔2〕。渴見寒英娛北客〔3〕，共尋春信向東城。〔4〕蜂黏晴藥應先破，雀啅芳心已盡驚。〔5〕便擬催開爭賦詠，臘中獨使擅幽情。

〔校注〕

〔1〕何郎：指南朝梁詩人何遜。何遜青年時即以文學著稱，為當時名流所稱道。唐李商隱《漫成》詩之三：「霧夕詠芙蕖，何郎得意初。」

〔2〕陸凱：字智君，生卒年不詳。南朝宋詩人。代（今河北蔚縣）人。曾任正平太守。今存詩僅一首《贈范曄》：「折花逢驛使，寄與隴頭人。江南無所有，聊贈一枝春。」

〔3〕寒英：寒天的花。指梅花。唐柳宗元《早梅》詩：「寒英坐銷落，何用慰遠客。」

〔4〕春信：春天的信息。唐鄭谷《梅》詩：「江國正寒春信穩，嶺頭枝上雪飄飄。」

〔5〕芳心：指花蕊。俗稱花心。宋蘇軾《岐亭道上見梅花戲贈季常》詩：「數枝殘綠風吹盡，一點芳心雀啅開。」

再用韻奉謝德升尚書見和且以解嘲

　　西風醒夢入秋堂〔1〕，夢境還空寄短章。妄見徒嗟妨睡美，閒心久謝趁朝忙。流年倏忽身今老，榮路斯須味已忘〔2〕。慚愧君詩真戲謔，邯鄲自警亦何傷〔3〕。

〔校注〕

〔1〕秋堂：指書生攻讀課業之所。唐王建《送司空神童》詩：「秋堂白髮先生別，古巷青襟舊伴歸。」

〔2〕榮路：指仕途。《後漢書·左周黃傳論》：「中興以後，復增敦樸、有道、賢能……清白、敦厚之屬，榮路既廣，觖望難裁。」

〔3〕用「邯鄲學步」典。邯鄲：今河北邯鄲。《左傳·哀公元年》：「夏四月，齊侯、衛侯救邯鄲，圍五鹿。」《漢書·地理志下》：「邯鄲北通燕涿，南自鄭衛，漳河之問一都會也。」

德升尚書並示新詩愈富而愈工不勝歎服顧見戲之語不置而自處太謙謹和答以重致解嘲之意

慶弔從來不下堂〔1〕，漫勞善頌費雕章〔2〕。自嗤夢已空花散〔3〕，更看詩為寐語忙。論每闊疏時所棄，才稱美秀上難忘。我宜屏跡君當起〔4〕，出處相違恐兩傷〔5〕。

〔校注〕

〔1〕慶弔：慶賀與弔慰。亦指喜事與喪事。《史記・蘇秦列傳》：「蘇秦見齊王，俯而慶，仰而弔，齊王曰：『是何慶弔相隨之速也？』」

〔2〕雕章：猶美文。唐杜甫《寄劉峽州伯華使君》詩：「雕章五色筆，紫殿九華燈。」仇兆鰲、楊倫注引三國魏魚豢《三國典略》：「齊蕭愨嘗於秋夜賦詩，邢子才曰：『蕭之斯文，可謂雕章間出。』」

〔3〕空華：亦作「空花」。佛教語。隱現於病眼者視覺中的繁花狀虛影。比喻紛繁的妄想和假相。《楞嚴經》卷四：「亦如翳人，見空中華；翳病若除，華於空滅。忽有愚人，於彼空華所滅空地，待華更生；汝觀是人，為愚為慧？」南朝梁蕭統《講解將畢賦》：「意樹發空花，心蓮吐輕馥。」

〔4〕屏跡：隱跡。五代王定保《唐摭言・及第後隱居》：「屏跡邱園，絕蹤仕進，守其至性，十有五年。」

〔5〕出處：謂出仕和隱退。漢蔡邕《薦皇甫規表》：「修身力行，忠亮闡著，出處抱義，皭然不污。」兩傷：雙方都受到損傷。晉陸機《文賦》：「離之則雙美，合之則兩傷。」

張　綱

　　張綱（1083～1166），字彥正，晚號華陽老人，潤州金壇（今江蘇）人。
徽宗政和四年（1114）上舍及第，官中書舍人、參知政事。其立朝有節操，南
宋秦檜當政時，張綱奉祠近二十年，檜死，復出，後以資政殿學士致仕。有
《華陽集》。今錄戲謔詩 10 首。

戲張處文二首〔1〕

其一

　　禪房深夜雨蕭蕭，只有青燈伴寂寥〔2〕。咫尺嬋娟鎖朱戶〔3〕，不知
何日枉佳招。

〔校注〕

〔1〕張處文：張宓，字處文。潤州金壇縣人。政和二年登進士甲科；五年，再中
　　　宏詞科。紹興初，仕至中書舍人。宋佚名《京口耆舊傳》卷七《張宓傳》：「張
　　　宓，字處文，金壇人。政和二年擢進士甲科，五年，再中博學宏詞科……紹
　　　興初，為中書舍人，罷，未幾卒。」《宋會要輯稿·選舉》、至順《鎮江志》、
　　　乾隆《江南通志》均有記載。

〔2〕青燈：亦作「青鐙」。光線青熒的油燈。唐韋應物《寺居獨夜寄崔主簿》詩：
　　　「坐使青燈曉，還傷夏衣薄。」

〔3〕嬋娟：指代明月或月光。宋蘇軾《水調歌頭》詞：「但願人長久，千里共嬋娟。」

其二

延賓北海坐常滿〔1〕，不飲公榮亦太慳。病渴固應難與酒〔2〕，嘯歌
元自不相關。

〔校注〕

〔1〕北海：郡名。漢景帝中元二年置。治所營陵（今山東省昌樂縣東南）。東漢改
　　為北海國，移治劇（今壽光縣東南）。光武侄興曾封為北海王，故稱北海。漢
　　末孔融任北海相，人稱孔北海，亦稱北海。又唐書法家李邕官北海太守，人稱
　　李北海。

〔2〕病渴：用司馬相如典。司馬相如患有糖尿病，稱之病渴。唐杜甫《過南嶽入
　　洞庭湖》詩：「病渴身何去，春生力更無。」

戲題所見

破睡輕風透碧紗〔1〕，寶釵聊插任欹斜。欲尋女伴嬉遊去，試問秋韆
有幾家。

〔校注〕

〔1〕破睡：睡醒；使睡意消失。白居易《贈東鄰王十三》：「驅愁知酒力，破睡見
　　茶功。」宋蘇軾《寄蘄簟與蒲傳正》詩：「霧帳銀床初破睡，牙籤玉局坐彈
　　棋。」

彥智贈汧泉一斗，使僕淬礪斤斧，出長松矯矯之姿，甚大惠也。因成小詩寄謝，昔李太白作詩三千首，自謂不直一杯水。今詩四句耳，較之不直涓滴，乃欲酬一斗之贈無乃太鮮乎〔1〕

累累弱蔓繞長松，未放蒼龍舞太空。賴有霜刀堪一割，謝公汧水為
磨礱〔2〕。

〔校注〕

〔1〕彥智：張縝（1070～1132），字彥智。潤州丹徒（今江蘇鎮江）人，徙居金壇
　　（今屬江蘇），以祖蔭補長洲縣尉，歷任知建平縣，通判和州等職。南宋初，
　　擢知和州兼淮西兵馬都監。除直祕閣、淮南西路提刑，移知揚州兼主管淮東
　　安撫司公事。紹興元年（1131），遷直寶文閣、知建康府，充江南東路兵馬鈐
　　轄。未幾，移知饒州。尋因病奉祠，提舉江州太平觀以卒。汧泉：即汧水。

渭水支流，源出隴州汧山。矯矯：卓然不群貌。《漢書・敘傳下》：「賈生矯矯，
弱冠登朝。」

〔2〕磨礲：亦作「磨礱」。磨石。南朝梁元帝《金樓子・雜記下》：「枚乘有之：磨
礲不見其損，有時而盡。」

彥達借研意在白取次韻戲答〔1〕

斲石染輕翰〔2〕，對面可十手。價重千黃金，欲見那得苟。難欺相如
璧〔3〕，寧碎范增斗〔4〕。作詩伐君謀，聊以當墨守〔5〕。

〔校注〕

〔1〕彥達：輔逵，字彥達，其先趙州慶源人也。南渡，隸楊和、王沂中麾下，累立
　　戰功，官至左武大夫、邵州防禦使，知泰州，稱能吏。

〔2〕斲石：勒石。唐韓愈《清邊郡王楊燕奇碑文》：「烝烝孝子，思顯勳績，斲石於
　　此，式垂後嗣。」輕翰：毛筆。三國魏曹植《娛賓賦》：「文人騁其妙說兮，飛
　　輕翰而成章。」《初學記》卷二一引晉傅玄《筆銘》：「韡韡形管，冉冉輕翰，
　　正色玄墨，銘心寫言。」

〔3〕相如：藺相如「完璧歸趙」典。

〔4〕范增：項羽之謀士。

〔5〕墨守：戰國時，墨翟善於守城。後因稱善於防守為墨翟之守，簡稱「墨守」。
　　《戰國策・齊策六》：「今公又以弊聊之民，距全齊之兵，期年不解，是墨翟之
　　守也。」宋蘇軾《次韻張甥棠美述志》：「雲梯雨矢集無方，我已中灰同墨守。」

次韻戲彥達思歸

月窗明素練，風榻淨飛沙〔1〕。飲極樽無綠，更長燭自花。感時憂未
散，得句喜能誇。莫寄思歸語，妝寒損鬢鴉〔2〕。

〔校注〕

〔1〕風榻：納涼用的床榻。宋蘇軾《次韻劉貢父獨值省中》：「隔牆我亦眠風榻，上
　　馬君先鎖月軒。」

〔2〕鬢鴉：形容鬢髮鬒黑如鴉色。蓋女髻色黑如鴉羽也。

彥達乘小舟醉歸墮水作此戲之

舍爵頹然飲中仙〔1〕，夜歸一葦航深淵〔2〕。長歌扣舷天上坐，起舞失腳水底眠〔3〕。未省渴羌笑肉動〔4〕，會令鼴鼠驚腹便〔5〕。布帆無恙急藏去〔6〕，明年更試春江船。

〔校注〕

〔1〕舍爵：置爵，即飲酒。《左傳·桓傳二》：「反行，飲至、舍爵、策勳焉。」頹然：頹放不羈貌。《南史·賀琛傳》：「琛了不酬答，神用頹然。」宋何薳《春渚紀聞·琴趣》：「如孫登彈琴，頹然自得，風神超邁，若遊六合之外者。」

〔2〕一葦航：《詩·衛風·河廣》：「誰謂河廣，一葦航之。」

〔3〕化用杜甫《飲中八仙歌》「知章騎馬似乘船，眼花落井水底眠」意。

〔4〕渴羌：晉王嘉《拾遺記·晉時事》：「有一羌人，姓姚名馥……好啜濁糟，常言渴於醇酒。群輩常弄狎之，呼為『渴羌』。」後因以稱嗜酒的人。唐李端《晚春過夏侯校書值其沉醉戲贈》詩：「嘗知渴羌好，亦覺醉胡賢。」

〔5〕鼴鼠：哺乳動物。體矮胖，毛黑褐色，嘴尖。前肢發達，腳掌向外翻，有利爪，適於掘土；後肢細小。眼小，隱藏在毛中。白天住在土穴中，夜晚出來捕食昆蟲，也吃農作物的根。古人常與鼢鼠混同。宋劉守《滿江紅·劉守解任》詞：「榮對辱，飲河鼴鼠，無過滿腹。」

〔6〕布帆無恙：南朝宋劉義慶《世說新語·排調》：「顧長康作殷荊州佐，請假還東。爾時例不給布帆，顧苦求之，乃得發；至破冢，遭風，大敗。作箋與殷云：『地名破冢，真破冢而出，行人安穩，布帆無恙。』」後遂以「布帆無恙」為旅途平安之典。

用前韻戲公顯〔1〕

初試梅妝愜壽陽〔2〕，槁砧山上夜何長〔3〕。式微未盡閨中怨〔4〕，束皙那辭補一章〔5〕。

〔校注〕

〔1〕公顯：曹勳（1098～1173），字公顯·一作功顯，號松隱，潁昌陽翟（今河南禹縣）人。徽宗宣和五年（1123）進士。靖康之難時。隨徽宗一起被押解北上。後受徽宗半臂絹書，自燕山逃歸。高宗紹興十一年（1141）曾出使金邦議和。

孝宗朝加太尉。工詩能詞，詩多家國之痛，詞多應制詠物之作。著有《松隱文集》《松隱樂府》《北狩見聞錄》等。

〔2〕梅妝：「梅花妝」的省稱，用壽陽公主典。前蜀牛嶠《紅薔薇》詩：「若綴壽陽公主額，六宮爭肯學梅妝。」

〔3〕槁砧：亦作「稿砧」。古代處死刑，罪人席槁伏於砧上，用鈇斬之。鈇、「夫」諧音，後因以「槁砧」為婦女稱丈夫的隱語。《玉臺新詠·〈古絕句〉之一》：「槁砧今何在？山上復有山，何當大刀頭，破鏡飛上天。」

〔4〕式微：衰微，衰敗。《詩·邶風·式微》：「式微式微，胡不歸。」朱熹集傳：「式，發語辭。微，猶衰也。」

〔5〕束晳（約246～約303），字廣微，西晉陽平元城（今河北大名）人，是一位作風極為特異的賦家。束晳年少時即以博學多聞著名，善為文辭。

走筆戲呈世叔伯達二親友〔1〕

老來無計了殘年，只有歡情寄酒邊。歌舞借看真達士〔2〕，忍將朱戶鎖嬋娟。

〔校注〕

〔1〕世叔：其人不詳。伯達：范雩，字伯達。范成大之父。平江府吳縣（今江蘇蘇州）人。早年治《周易》，登宣和六年進士第。紹興五年（1135），為江陰軍教授。遷諸王宮大小學教授。紹興十一年（1131），為秘書省正字。次年，進秘書郎。紹興十三年致仕。

〔2〕達士：見識高超、不同於流俗的人。《呂氏春秋·知分》：「達士者，達乎死生之分。」《後漢書·仲長統傳》：「至人能變，達士拔俗。」

夜思出處因作戲言〔1〕

仕路定風波，人生能幾何〔2〕。時來聊試手〔3〕，為瑞不宜多〔4〕。

〔校注〕

〔1〕出處：謂出仕和隱退。漢蔡邕《薦皇甫規表》：「修身力行，忠亮闡著，出處抱義，皦然不污。」

〔2〕三國魏曹操《短歌行》：「對酒當歌，人生幾何？」晉陸機《飲酒樂》「飲酒須飲多，人生能幾何。」

〔３〕試手：試身手。宋歐陽修《南歌子・閨情》詞：「弄筆偎人久，描花試手初。」

〔４〕羅隱《雪》詩：「盡道豐年瑞，豐年事若何？長安有貧者，為瑞不宜多。」瑞：瑞雪。

張　守

　　張守（1084～1145），字子固，一字全真，常州晉陵（今江蘇常州）人。「家貧無書，從人假借。過目輒不忘」（《宋史》）。徽宗崇寧元年（1102）進士，又舉詞學兼茂科。官歷參知政事兼權樞密院事。著有《毗陵集》。今錄戲謔詩 20 首。

姚志道有書輒不借戲呈〔1〕

　　我來春未動，兀坐秋忽老。客懷飽世味，塵土不容澡。尚餘筆硯癖，俯仰半華皓〔2〕。中年得異書，夜諷或至卯。爾來口生棘〔3〕，妙語時耳剽〔4〕。故人吾臭味〔5〕，囊帙富緗縹〔6〕。什襲秘不傳〔7〕，凜若璧在趙。念茲訪遺逸，從人掇殘稿。何當發其藏，困廩一傾倒〔8〕。窮途百態惡，歸思疾飛鳥。終當饋所有，共此絕代寶。歲晚同吟哦，乘風上蓬島〔9〕。

〔校注〕

〔1〕姚志道：即姚致道。其弟姚轂，字進道。詩人與姚氏昆仲多交往唱和。

〔2〕華皓：鬢髮花白。指年老。《隋書·李穆傳》：「至若呂尚以期頤佐周，張蒼以華皓相漢，高才命世，不拘恒禮。」《舊唐書·良吏傳下·張知謇》：「鬢髮華皓，同貴於朝，時望甚美之。」

〔3〕口生棘：口的動作不熟練。

〔4〕耳剽：謂僅憑耳聞所得，猶如竊取。《漢書·朱博傳》：「廷尉本起於武吏，不通法律，幸有眾賢，亦何憂！然廷尉治郡斷獄以來且二十年，亦獨耳剽日久，三尺律令，人事出其中。」顏師古注：「剽，劫也，猶言行聽也。」

〔5〕臭味：比喻志趣。漢蔡邕《玄文先生李休碑》：「凡其親昭朋徒，臭味相與，大會而葬之。」唐元稹《與吳端公崔院長五十韻》：「吾兄諳性靈，崔子同臭味。」

〔6〕緗縹：古人常用淺黃或淺青色布帛作書衣。因以指書卷。南朝梁簡文帝《大法頌》：「詩書乃陳，緗縹斯備。」

〔7〕什襲：重重包裹，謂鄭重珍藏。什，十。宋張守《跋〈唐千文帖〉》：「此書無一字刓缺，當與夏璜趙璧，什襲珍藏。」

〔8〕囷廩：糧倉。北魏酈道元《水經注·溫水》：「清朗無風之日，徑望朱崖州，如囷廩大。」宋梅堯臣《送張諷寺丞赴青州幕》詩：「上無租賦逋，下有囷廩蓄。」

〔9〕蓬島：即蓬萊山。唐李白《古風》之四八：「但求蓬島藥，豈思農扈春？」

客居坐無茵褥賓至常苦之戲作〔1〕

廣文坐客寒無氈〔2〕，少陵人來坐馬韉〔3〕。胸中富等千戶侯〔4〕，不使囊中餘一錢〔5〕。嗟予久客貧到骨，兀坐長恐藜床穿〔6〕。才名未踏兩公閫，窮愁何遽容爭先。畫餅端知不餬口〔7〕，筆耕輒亦遭無年〔8〕。媿無文茵薦佳客〔9〕，促膝危坐如寒蟬。君不見漢朝博士能說經，五十餘席輸戴憑〔10〕。又不見袁尚索席藉凍地，不意頭顱行萬里〔11〕。空榻蕭然亦安穩，得失榮枯付天理。金狨覆鞍容墜傷〔12〕，禍福由來相伏倚〔13〕。

〔校注〕

〔1〕茵褥：亦作「茵蓐」。床墊子，指鋪在藜床上的。漢劉向《說苑·反質》：「繒帛為茵褥，觴勺有彩。」晉葛洪《抱朴子·譏惑》：「疾患危篤，不堪風冷，幃帳茵褥，任其所安。」

〔2〕廣文：「廣文館」的簡稱。《新唐書·百官志三》：「（祭酒、司業）掌儒學訓導之政，總國子、太學、廣文、四門、律、書、算凡七學。」唐鄭虔為國學廣文館博士，在官貧約，杜甫贈詩有「坐客寒無氈」句。

〔3〕少陵：指唐詩人杜甫。杜甫常以「杜陵」表示其祖籍郡望，自號少陵野老，世稱杜少陵。唐韓愈《石鼓歌》：「少陵無人謫仙死，才薄將奈石鼓何！」

〔4〕千戶侯：食邑千戶的侯爵。《史記·貨殖列傳》：「若千畝巵茜，千畦薑韭：此其人皆與千戶侯等。」

〔5〕一錢：一文錢。亦指極少的錢。《史記·高祖本紀》：「高祖為亭長，素易諸吏，乃紿為謁曰：『賀錢萬』，實不持一錢。」唐李白《襄陽歌》：「清風朗月不用一錢買，玉山自倒非人推。」

〔6〕藜床：藜莖編的床榻。泛指簡陋的坐榻。《北堂書鈔》卷一三三引漢王粲《英
　　　雄記》：「向詡常坐藜床上。」北周庾信《小園賦》：「管寧藜床，雖穿而可坐；
　　　嵇康鍛灶，既暖而堪眠。」

〔7〕畫餅：畫成的餅。比喻徒有虛名無補實用的人和物。唐白居易《每見呂南二
　　　郎中新文輒竊有所歎惜因成長句以詠所懷》：「望梅閣老無妨渴，畫餅尚書
　　　不救饑。」唐李商隱《詠懷寄秘閣舊僚二十六韻》：「官銜同畫餅，面貌乏凝
　　　脂。」

〔8〕無年：饑荒之年。《周禮‧地官‧均人》：「凡均力政，以歲上下：豐年則公旬
　　　用三日焉；中年則公旬用二日焉；無年則公旬用一日焉。《文選‧顏延之〈應
　　　詔觀北湖田收〉詩》：「息饗報嘉歲，通急戒無年。」呂向注：「無年，饑年
　　　也。」

〔9〕文茵：亦作「文鞇」。車中的虎皮坐褥。《詩‧秦風‧小戎》：「文茵暢轂，駕我
　　　騏馵。」毛傳：「文茵，虎皮也。」《釋名‧釋車》：「文鞇，車中所坐者也，用
　　　虎皮，有文采。」晉陶潛《閑情賦》：「悲文茵之代御，方經年而見求。」亦泛
　　　稱有花紋的褥席。

〔10〕即「奪席談經」。其典出《後漢書‧儒林傳上‧戴憑》：「光武帝時，正旦朝賀，
　　　百僚畢會。帝令群臣能說經者更相難詰，義有不通，輒奪其席，以益通者。戴
　　　憑習《京氏易》，與諸儒難說，重坐五十餘席，故京師為之語曰：『解經不窮戴
　　　侍中』。」

〔11〕袁尚：東漢汝南汝陽（河南商水西南）人，袁紹少子。曹操打敗袁紹父子，尚
　　　與兄熙奔遼西烏桓。獻帝建安十二年（207）。曹操徵烏桓，打敗尚、熙與烏桓。
　　　袁氏兄弟逃往遼東。被公孫康所殺，授首於曹操。《後漢書‧袁紹傳》：「卿頭
　　　顧方行萬里，何席之為！」

〔12〕金狨：借指馬匹。宋劉之翰《水調歌頭‧獻田都統》詞：「神仙宅，留玉節，
　　　駐金狨。」

〔13〕禍福相倚：語出《老子》第五十八章：「禍兮福之所倚，福兮禍之所伏。」

晚霽獨坐戲呈周元舉劉希範許少伊同舍諸兄二首〔1〕

其一

　　吏散無人跡，風回掃積氛〔2〕。虛涼簷際得，遠響靜中聞。樹色深留
暝，爐煙細嫋雲。此間應有句，端合與君分。

〔校注〕

〔1〕周元舉、劉希範、許少伊：張守與許景衡、劉鈺、周元舉之交往，見《毗陵集》卷十四《晚霽獨坐戲呈周元舉劉希範許少伊同舍諸兄二首》《元舉希範見和佳篇皆有懷歸之意頗合鄙趣因次元韻》《和答少伊》等詩。案周綱字君舉，改字符舉，曾為監察御史；劉鈺字希範，宣和四年為監察御史；許景衡字少伊，宣和六年為監察御史。張守宣和七年監察御史任上丁憂，故此數詩當作於宣和六、七年間。

〔2〕積氛：聚積的霧氣。清王士禎《秋林驛雨》詩：「積氛常不徹，天地日冥冥。」

其二

疾風回急雨，碧瓦散晴氛。幽趣何人共，微吟得自聞。扶筇翻倦鳥，岸幘送歸雲〔1〕。病惱新涼夕，孤斟負十分。

〔校注〕

〔1〕岸幘：推起頭巾，露出前額。形容態度灑脫，或衣著簡率不拘。漢孔融《與韋端書》：「閒僻疾動，不得復與足下岸幘廣坐，舉杯相於，以為邑邑。」《晉書·謝奕傳》：「岸幘笑詠，無異常日。」

紹興丁巳以大禮館客恩奏族叔祖有詩見戲次韻和答二首〔1〕

其一

少室山中計已成〔2〕，臥看朝市等蠅營。〔3〕對門山雪惟詩思，過眼秋雲即宦情。〔4〕長恐搢紳嘲捷徑〔5〕，勿緣升斗誚虛名。翁看肉食顏如甲，何似村醪一笑頳。〔6〕

〔校注〕

〔1〕紹興丁巳：即公元 1137 年。

〔2〕少室山：在登封縣北，東距太室山約 10 公里。據傳，禹王第二個妻子，塗山氏之妹棲於此，後人於山下建少姨廟敬之，故山名「少室」（室，妻也）。

〔3〕蠅營：謂像蒼蠅一樣營營往來，到處飛逐。比喻為追求名利而到處鑽營。語本《詩·小雅·青蠅》：「營營青蠅。」

〔4〕宦情：做官的志趣、意願。《晉書·劉元海載記》：「吾本無宦情，惟足下明之。恐死洛陽，永與子別。」《宋書·王微傳》：「父憂去官。服闋，除南平王鑠右軍諮議參軍。微素無宦情，稱疾不就。」

〔5〕搢紳：插笏於紳。紳，古代仕宦者和儒者圍於腰際的大帶。《周禮・春官・典
　　瑞》「王晉大圭」鄭玄注引漢鄭司農曰：「晉讀為搢紳之搢，謂插於紳帶之間，
　　若帶劍也。」後用為官宦或儒者的代稱。

〔6〕村醪：村酒。醪，本指酒釀。引申為濁酒。唐司空圖《柏東》詩：「免教世路
　　人相忌，逢著村醪亦不憎。」

其二

衣冠相望兩卿家〔1〕，列鼎當年辦咄嗟。〔2〕後裔不應猶短褐，除書
未怕失丹砂。〔3〕恩光漫欲沾宗族，品秩何勞問等差。莫笑青衫同畫餅，
也勝辛苦踏槐花。〔4〕

〔校注〕

〔1〕衣冠：代稱縉紳、士大夫。《漢書・杜欽傳》：「茂陵杜鄴與欽同姓字，俱以材
　　能稱京師，故衣冠謂欽為『盲杜子夏』以相別。」顏師古注：「衣冠謂士大夫
　　也。」

〔2〕列鼎：謂陳列置有盛饌的鼎器。古代貴族按爵品配置鼎數。《孔子家語・致思》：
　　「從車百乘，積粟萬鍾，累茵而坐，列鼎而食。」

〔3〕除書：拜官授職的文書。唐韋應物《始治尚書郎別善福精舍》詩：「除書忽到
　　門，冠帶便拘束。」丹砂：亦作「丹沙」。即朱砂。礦物名。色深紅，古代道
　　教徒用以化汞煉丹，中醫作藥用，也可製作顏料。《管子・地數》：「上有丹沙
　　者，下有黃金。」晉葛洪《抱朴子・金丹》：「凡草木燒之即燼，而丹砂燒之成
　　水銀，積變又還成丹砂。」

〔4〕踏槐花：《說郛》卷六九引唐李淖《秦中歲時記》：「進士下第，當年七月復獻
　　新文，求拔解，故曰：『槐花黃，舉子忙。』」唐代參加科舉考試的舉子往往於
　　來年秋天就在京城行卷，其時正值槐花盛開，後因稱參加科舉考試為「踏槐
　　花」。宋蘇軾《和董傳留別》：「厭伴老儒烹瓠葉，強隨舉子踏槐花。」亦稱「踏
　　槐黃」。

僦居城南，人皆笑其陋，戲作因以自解〔1〕

紛紛甲第照清都〔2〕，誰信蝸牛亦自廬。未厭囂塵聊近市，不湏高大
擬容車。〔3〕窺床夜月陪清冷，入戶風埃痛掃除。豐屋從來招鬼瞰〔4〕，
卻因容膝得安居。

〔校注〕

〔1〕僦居：租屋而居。唐段安節《樂府雜錄·驕篥》：「（麻奴）不數月，到京，訪尉遲青，所居在常樂坊，乃側近僦居。」宋王禹偁《賃宅》詩：「左官只抛紅藥案，僦居猶住玉泉坊。」

〔2〕甲第：指豪門貴族。唐杜甫《醉時歌》：「甲第紛紛厭粱肉，廣文先生飯不足。」清都：帝王居住的都城。晉左思《魏都賦》：「蓋比物以錯辭，述清都之閒麗。」

〔3〕容車：古代婦女乘坐之小車。上施帷裳以遮蔽容顏，故稱。《釋名·釋車》：「容車，婦人所載小車也。其蓋施帷，所以隱蔽其形容也。」

〔4〕豐屋：高大的房屋。漢嚴遵《道德指歸論·行於大道》：「豐屋榮觀，大戶高門，飾以奇怪，加以採文。」唐王維《京兆尹張公德政碑頌》序：「靈衣且為煨燼，豐屋將為茂草。」鬼瞰：見「鬼瞰其室」。鬼瞰其室：謂鬼神窺望顯達富貴人家，將禍害其滿盈之志。《文選·揚雄〈解嘲〉》：「高明之家，鬼瞰其室。」李善注引李奇曰：「鬼神害盈而福謙。」劉良注：「是知高明富貴之家，鬼神窺望其室，將害其滿盈之志矣。」亦省作「鬼瞰室」、「鬼瞰」。南朝梁王僧孺《為韋雍州致仕表》：「器覆危傾，人指鬼瞰。」唐黃滔《水殿賦》：「既而遍驚鬼瞰，遽及神謀。」

睡起戲書呈葛魯卿席大光周舉同舍諸兄〔1〕

午夢初殘日未西，人情節物睡偏宜。花開花落紛無定，春到春歸漫不知。香縷細縈環堵室，槐陰清翳一枰棊〔2〕。此間粗有超然處，雕琢天真卻坐詩。

〔校注〕

〔1〕葛魯卿：葛勝仲（1072～1144），字魯卿，丹陽（江蘇丹陽）人，北宋詞人。紹聖四年（1097）進士，累遷國子司業，官至文華閣待制，卒諡文康。著有《丹陽詞》。席大光，名益，自號存存子。席旦之子。河南府（治今河南洛陽）人。徽宗初，入太學，與張守為同舍生。初為王黼之客，後入蔡京之門。北宋末，累官至知河中府。紹興三年，拜參知政事。周舉：即周元舉，見上校注。

〔2〕枰棋：謂棋局。喻局勢。宋周密《齊東野語·賈相壽詞》：「陳惟善合寶鼎詞云：『……算當日枰棋如許，爭一著吾其袵左』。」

友人惠猩猩毛筆一枝禿甚作詩戲之〔1〕

猩毛意重鵝毛贈〔2〕，老不中書一悵然。宜付削毫貧鄭灼〔3〕，政堪握筆晉僧虔〔4〕。判冥即合防抛失〔5〕，癭塚寧甘便棄捐。瓦研蓬窗吾臭味〔6〕，禿翁相對且忘年。

〔校注〕

〔1〕猩猩：哺乳動物。全身有赤褐色長毛。樹棲，主食果實。能在前肢幫助下直立行走。古亦指猿猴之類。《禮記·曲禮上》：「猩猩能言，不離禽獸。」

〔2〕鵝毛：比喻輕微的禮物。宋梅堯臣《依韻酬永叔示予銀杏》詩：「去年我何有，鴨腳贈遠人，人將比鵝毛，貴多不貴珍。」

〔3〕鄭灼（513～581）：字茂昭，東陽信安（今浙江衢州）人。南朝梁陳經學家。勵志儒學，早年受業於皇侃。梁朝時，累遷員外散騎侍郎、中書通事舍人。陳朝時，累遷中散大夫，以本職兼國子博士。尤精《三禮》。

〔4〕僧虔：王僧虔（426～485），南齊最有影響的書法家和書法理論家。琅邪臨沂人。王洽曾孫。官至尚書令。承家學，擅草隸。

〔5〕判冥：舊時傳說中謂審理陰間的案件。唐段成式《酉陽雜俎·冥跡》：「南巨川嘗識判冥者張叔言，因撰《續神異記》，具載其靈驗。叔言判冥鬼十人；十人數內，兩人是婦人。又烏龜狐亦判冥。」

〔6〕瓦研：亦作「瓦硯」。以古宮殿瓦製作的硯。漢未央宮、魏銅雀臺等諸殿瓦，瓦身如半筒，厚一寸弱，背平可研墨，唐宋以來人取以為硯。亦指陶製的硯。《新唐書·地理志二》：「虢州弘農郡……土貢：絁、瓦硯、麝、地骨皮、梨。」宋歐陽修《硯譜》：「青州濰州石末研，皆瓦硯也。」

婢子翻羹〔1〕

杯羹卓午薦朝餐〔2〕，一飽龜腸亦爾難〔3〕。窮鬼還來調韓愈〔4〕，夫人真欲試劉寬〔5〕。尚餘食案韭三種〔6〕，早悟官亭鱠兩盤〔7〕。傳語廚人莫轑釜〔8〕，不應餓死悔儒冠。〔9〕

〔校注〕

〔1〕翻羹：待人寬厚之典。《後漢書·劉寬傳》：「寬簡略嗜酒……大人慾試寬令志，伺當朝會，裝嚴已訖，使侍婢奉肉羹，翻污朝衣。婢遽收之，寬神色不異，乃

徐言曰：『羹爛汝手？』其性度如此。」《南史·蕭勱傳》：「勱性率儉，而器度寬裕，左右嘗將羹至胸前翻之，顏色不異，徐呼更衣。」

〔2〕卓午：正午。唐李白《戲贈杜甫》詩：「飯顆山頭逢杜甫，頭戴笠子日卓午。」

〔3〕龜腸：古人以為龜吸氣而生，不食一物，因以比喻饑腸。《南齊書·王僧虔傳》：「九流繩平，自不宜獨苦一物，蟬腹龜腸，為日已久。」

〔4〕窮鬼：指使人窮困的鬼。六朝以來風俗，民間多於農曆正月某日作詩文祭送之，謂之送窮。唐韓愈《送窮文》：「（主人）三揖窮鬼而告之曰：『聞子行有日矣。』」唐張鷟《遊仙窟》：「誠知腸欲斷，窮鬼故調人。」參閱南朝梁宗懍《荊楚歲時記·正月》、宋陳元靚《歲時廣記·送窮鬼》。韓愈（768～824）：唐代文學家，河陽（今河南孟縣）人。貞元年間進士，曾任監察御史，國子博士、刑部侍郎等職。

〔5〕劉寬，字文饒，弘農郡華陰人。為人涵養深厚，寬宏大度。他的父親劉崎，在順帝時擔任司徒。劉寬曾經出門，有人丟失了牛，看到劉寬駕車的牛，說是他丟的。劉寬沒有說什麼，下車步行回到家裏。不久，認領者找到自己的牛，送還劉寬的牛，叩頭道歉說：「我對不起長者，願受您的任何懲罰。」劉寬說：「有些東西很相似，做事情允許犯錯誤，承蒙把牛送還，為何要責怪你呢？」州里的人佩服他不計較。

〔6〕韭三種：庾杲之為人清貧刻苦，平時吃飯時的菜肴只有韭菹、瀹韭，生韭三種韭菜，有人開玩笑地說：「誰說庾郎貧窮？吃菜可有二十七種哪！」（韭與九諧音，三九為二十七）」此喻生活清貧。

〔7〕官亭：古代供過往官吏食宿的處所。《後漢書·章帝紀》：「流人慾歸本者，郡縣其實稟，令足還到，聽過止官亭，無雇舍宿。」

〔8〕轑釜：用勺刮鍋。《漢書·楚元王劉交傳》：「初，高祖微時，常避事，時時與賓客過其丘嫂食。嫂厭叔與客來，陽為羹盡，轑釜，客以故去。已而視釜中有羹，繇是怨嫂。」顏師古注：「服虔曰：『音勞。轑，轢也。』以勺轢釜，令為聲也。」

〔9〕儒冠：借指儒生。唐杜甫《奉贈韋左丞丈二十二韻》：「紈褲不餓死，儒冠多誤身。」

戲題四老堂十首〔1〕

其一

四老堂中四老人，飽經喪亂始收身。〔2〕蒼顏鶴髮團欒坐〔3〕，知是時平有幸民。〔4〕

〔校注〕

〔1〕張守《毗陵集・四老堂記》：「紹興十年……且余四兄弟蒼顏華髮，頹然四翁，幸還里門，獨季留浙東，方折簡趣其歸。倘時會合，婆娑堂上，慰遲暮之餘日，斯足樂已，亦復何必如退之，以鈞樞在坐為誇耶？於是名其堂為『四老』，時兄養正自權吏部侍郎，以集英修撰提舉江州太平觀，年六十六。泰定自吏部郎中以直秘閣為福建漕使待次，年六十三。余年六十。弟師是以文林郎為浙東鹽司屬官，年五十八云。紹興十三年歲次癸亥六月朔記。」四老堂乃兄弟四人：張宧（字養正）、張宇（字泰定）、張守（字子固）、張師是。

〔2〕收身：指隱退。唐韓愈《和僕射相公朝回見寄》：「放意機衡外，收身矢石間。」

〔3〕團欒：團聚。唐孟郊《惜苦》詩：「可惜大雅旨，意此小團欒。」

〔4〕時平：時世承平。南朝梁簡文帝《南郊頌》序：「塵清世晏，倉兕無用其武功；運諧時平，鵷鷺咸修其文德。」

其二

兄弟當年七業興〔1〕，精神如鶴齒如冰。升沉存沒今如許，且作隨堂粥飯僧。〔2〕

〔校注〕

〔1〕業，武英殿本作「葉」。　七業興：即「七業俱興」。《群書類對・事苑》：晉劉殷，字長盛。有七子，各授一經。一子授《太史公》，一子授《漢書》，一門之內，七業俱興。

〔2〕粥飯僧：只吃粥飯而不努力修行的僧人。本為僧人自謙之詞。後多用以嘲諷尸位素餐者。五代韓昭裔《與李專美》詩：「何如且作宣徽使，免被人呼粥飯僧。」宋陳與義《和王東卿絕句》：「只今當代功名手，不數平生粥飯僧。」

其三

已是平頭六十人〔1〕，江湖身老寸心存。明窗淨几翻經卷〔2〕，深炷爐香答主恩。〔3〕

〔校注〕

〔1〕平頭：凡計數逢十，如十、百、千、萬等不帶零頭，俗謂之齊頭，亦稱平頭。唐
　　　白居易《登龍尾道南望憶廬山舊隱》詩：「青山舉眼三千里，白髮平頭五十人。」

其四

一派荊溪過枕前，喜從人境得幽偏。直疑身在煙波上，臥送飛帆落
照邊。

其五

堂後堂前竹與梅，老人多半手親栽。何時更作閒花草，亦遣群芳次
第開。

其六

四時花草逐時新，衰衰年華過眼頻〔1〕。景物無窮人自老，新花應解
笑迎人。

〔校注〕

〔1〕衰衰：引申為急速流逝。宋韓疁《高陽臺·除夜》詞：「頻聽銀籤，重燃絳蠟，
　　　年華衰衰驚心。」

其七

繫舟長傍柳堤陰，曳杖時穿竹徑深。薙草澆花課僮僕〔1〕，更無餘事
可關心。

〔校注〕

〔1〕薙草：除草。課僮：督促僮僕。

其八

多病經時不著冠，岸巾長對倦雲閒。年來衰謝交遊絕，靖節柴門不
用關。〔1〕

〔校注〕

〔1〕靖節：靖節徵士即陶潛。東晉大詩人。字元亮。南朝宋顏延之《陶徵士誄》：
　　　「若其寬樂令終之美，好廉克己之操……詢諸友好，宜諡曰靖節徵士。」亦稱
　　　「靖節先生」。唐趙嘏《贈桐鄉丞》：「若教靖節先生見，不肯更吟《歸去來》。」
　　　亦省作「靖節」。

其九

鶴養丹成鹿養茸，群呦對舞傍衰慵。待看仙骨他年就〔1〕，同訪蓬萊第一峰。〔2〕

〔校注〕

〔1〕仙骨：道教語。謂成仙的資質。《太平廣記》卷五引晉葛洪《神仙傳》：「於是神人授以素書……凡二十五篇，告墨子曰：『子有仙骨，又聰明，得此便成，不復須師。』」唐許渾《與侯春時同年南池夜話》詩：「尋仙在仙骨，不用廢牛刀。」

〔2〕蓬萊：蓬萊山。古代傳說中的神山名。亦常泛指仙境。《史記‧封禪書》：「自威、宣、燕昭使人入海求蓬萊、方丈、瀛洲，此三神山者，其傅在勃海中。」

其一○

商嶺偷生計已疏〔1〕，橘中樂事亦區區〔2〕。洛陽耆舊今黃壤〔3〕，會有人傳四老圖。

〔校注〕

〔1〕商嶺：即商山。唐黃滔《蔣先輩啟》：「相如徵出於上林，賈誼召來於宣室，不然者隱於商嶺，棲向傅岩，克俟搜羅，直膺夢寐。」

〔2〕橘中樂：亦稱「橘中戲」「橘中趣」。象棋遊戲的別稱。唐牛僧孺《玄怪錄‧巴邛人》：「巴邛人橘園，霜後兩橘大如三斗盎。削開，有二老叟相對象戲，談笑自若、一叟曰：『橘中之樂不減商山，但不得深根固蒂，為愚人摘下耳。』」

〔3〕洛陽耆舊：北宋文彥博、司馬光等聚年高名士一十三人於洛陽，詩酒相娛，稱「洛陽耆英會」。事見《宋史‧文彥博傳》。黃壤：猶黃泉。《三國志‧吳志‧孫皓傳》「以濟元元」裴松之注引晉虞溥《江表傳》：「天匪亡吳，孤所招也。瞑目黃壤，當復何顏見四帝乎！」

卷　三

呂本中

呂本中（1084～1145），字居仁，世稱東萊先生，祖籍萊州，開封（今屬河南）人。高宗紹興六年（1136），召為起居舍人，賜進士出身。仁宗朝宰相呂夷簡玄孫，哲宗元祐年間宰相呂公著曾孫，滎陽先生呂希哲孫，南宋東萊郡侯呂好問子。二十歲左右戲作《江西詩社宗派圖》，「江西派」從此定名。著《紫微詩話》《東萊先生詩集》等。今錄戲謔詩 34 首。

戲呈七十七叔〔1〕

大阮愛我詩〔2〕，謂我能詩矣。我詩來無極〔3〕，愛之終不已。吾非聖者也，但智慮多耳。賜始可言詩，吾智由商起。

〔校注〕

〔1〕七十七叔：呂七十七，即呂欽問，字知止。據胡穉《增廣箋注簡齋詩集》卷一詩《送呂欽問監酒授代歸》注云：「欽問，字知止，正獻公公著之孫，左司希績之子。」

〔2〕大阮：指三國魏詩人阮籍。

〔3〕無極：即是無形，太極即是有理。三國魏阮籍《詠懷》之七二：「時路烏足爭？太極可翱翔。」晉葛洪《抱朴子‧吳失》：「園囿擬上林，館第僭太極。」《雲笈七籤》卷八：「太極有元景之王，司攝三天之神仙者也。」

昨日晚歸戲成四絕呈子之兼煩轉示進道丈〔1〕

其一

疏燈欲盡漁商市〔2〕，小雨似開桃李顏〔3〕。一夜簷聲鳴甕盎〔4〕，無人知我坐蒲團〔5〕。

〔校注〕

〔1〕子之：江端本，字子之，陳留（今河南開封）人。江端友弟。宋哲宗時在世。隱居終身。見《江西詩社宗派圖錄》。有《陳留集》一卷，始見《直齋書錄解題》二〇。進道：指晁補之從弟，晁進道。呂本中有《訪晁進道歸》等詩。

〔2〕漁商：漁業商販。唐王維《早入滎陽界》詩：「漁商波上客，雞犬岸旁村。」

〔3〕桃李：桃花與李花。《詩·召南·何彼襛矣》：「何彼襛矣，華如桃李。」

〔4〕甕盎：陶製容器。

〔5〕蒲團：用蒲草編成的圓形墊子。多為僧人坐禪和跪拜時所用。

其二

臥疾江邊久未回〔1〕，懶隨兒輩走塵埃。天公尚有餘情在，肯放梅花自在開。

〔校注〕

〔1〕疾，原校：一作病。

其三

春愁故故妨人樂〔1〕，舊蘚新苔不暫晴。想見江郎閉船臥〔2〕，滿川風雨報天明。

〔校注〕

〔1〕故故：屢屢；常常。

〔2〕江郎：指江端本，字子之。其兄江端禮，字子和；江端友，字子我。

其四

晁卿白髮風流在〔1〕，肯伴香車作夜遨〔2〕。借問典衣充戲責〔3〕，何如沽酒喚吾曹。

〔校注〕

〔1〕晁卿：指晁補之從弟，晁進道，江西派詩人。呂本中與晁氏兄弟往來頻繁。政

和元年辛卯（1111），晁沖之居京師，晁氏群從和呂本中等交往密切，據呂本中《東萊呂紫微師友雜誌》：「大觀後予至京師始與（沖之）遊，相與如兄弟也。叔用從兄貫之季一、謂之季此，皆能文博學，皆與友善。若說之以道，則予尊事焉。以道弟泳之之道、叔用之兄載之伯宇，予皆與之遊。大觀政和間，予客京師，叔用日來相招，如不能往，即再遣人問訊。」呂本中政和元年、二年在京師，詳王兆鵬《兩宋詞人年譜・呂本中年譜》。

〔2〕香車：用香木做的車。泛指華美的車或轎。

〔3〕典衣：典押衣服。戲責：賭債。

上元夜招沈宗師不至聞已赴郡會作二絕戲之〔1〕

其一

燈火滿城公不來，為公雕句洗塵埃。春愁不到城西寺，更約梅花緩緩開。

〔校注〕

〔1〕沈宗師：儀真（今江蘇儀徵）人。喜與元祐黨人子弟交往，與呂本中唱酬最多。其子公雅從學於呂本中，並編次呂本中詩集，刊行於世。見曾幾《東萊先生詩集後序》。

其二

白酒紅燈稱意春〔1〕，知公未免踏黃塵〔2〕。繩床好在休相憶〔3〕，輸與琅琊浹上人〔4〕。

〔校注〕

〔1〕白，原校：一作淥。

〔2〕黃塵：比喻俗世；塵世。

〔3〕繩床：一種可以折疊的輕便坐具。以板為之，並用繩穿織而成。又稱「胡床」、「交床」。

〔4〕輸與：比不上；給與。琅琊：山名。在今山東省諸城縣東南海濱。浹上人：不詳其人。作者好友。本中與佛子壁上人、浹上人、信上人等有往來，存《贈浹上人》等詩。

浹上座求枯木庵詩戲成兩絕贈之

其一

枯木庵中浹道人〔1〕，百年無影臥輪囷〔2〕。未須特地通身去，放取枝條自在春。

〔校注〕

〔1〕枯木庵：庵名，不詳。浹道人：即上詩中「浹上人」。道人：一指道教徒；道士；一指佛教徒，和尚。

〔2〕輪囷：盤曲貌。

其二

前身石霜後身浹〔1〕，如印印泥風去塵〔2〕。認得當時侍者意，無人知是密庵人〔3〕。

〔校注〕

〔1〕前身：佛教語，前生。後身：佛教有「三世」的說法。謂轉世之身為「後身」。

〔2〕印泥：蓋圖章用的印料。多是紅色，一般用朱砂、艾絨、蓖麻油混合製成。

〔3〕密庵人：沈度曰：一作呂居仁。《全宋詩》作「原校：一作呂居仁。」

效古樂府三首

其一

君住長江邊〔1〕，妾上長江去。長江日夜流，相思不相顧。

其二

長江日夜流，妾心終不改。誰謂江頭人，相思不相待。

其三

東家石榴紅，西家石榴紫。俱是一種花，同生不同死。

〔校注〕

〔1〕住，原校：一作家。

戲贈浹上人

忽逢邗溝道人浹〔1〕，如見錫山居士秦〔2〕。問著世緣渾忘卻〔3〕，知公不是個中人〔4〕。

〔校注〕

〔1〕邗溝：也稱邗水、邗江、邗溟溝等。春秋時吳王夫差為爭霸中原，引江水入淮以通糧道而開鑿的古運河。

〔2〕錫山：在江蘇無錫，離蘇州很近。

〔3〕世緣：俗緣，謂人世間事。

〔4〕個中人：此中人，局中人。常指深悟其理或親歷其境者。

謝人送瓊花白沙人謂瓊花為無雙花戲成兩絕〔1〕

其一

凝塵欲滿讀書窗〔2〕，忽有瓊花對小缸〔3〕。更喜風流好名字，百金一朵號無雙〔4〕。

其二

斷腸風味久難尋〔5〕，尚有名花寄此心。折盡長枝已春晚，只宜涼月不宜陰。

〔校注〕

〔1〕白沙人：古代雲南壯族舊稱。道光《雲南通志稿》引《廣南府志》：「白沙人散居四鄉，……每於暇日，男女俱往河內撈魚。時當耕種，彼此辛勤。至於農隙之時，亦有貿易為生者。喪葬用火，衣服尚白色。唯土富州（今富寧縣）有此。」

〔2〕凝塵：積聚的塵土。

〔3〕瓊花：又稱聚八仙。花大如盤，潔白如玉。其為揚州市花。

〔4〕百金：形容錢多。亦指昂貴的價值；無雙：獨一無二；沒有可比。

〔5〕斷腸：形容極度思念或悲痛。風味：事物特有的色彩和趣味。

即事戲答季一〔1〕

斜陽著高柳，環堵半黃昏〔2〕。小圃三年旱，荒池一尺渾。粗知詩有味，寧使婦無褌〔3〕。不信晁公子〔4〕，猶招楚些魂。〔5〕

〔校注〕

〔1〕季一：晁貫之，字季一。宋代墨家。濟州鉅野（今山東鉅野）人。官至檢討（一
　　說察院）。生平無他嗜好，獨喜墨丸，精製墨，尤重膠法。墨肆名寄寂軒。嘗
　　與賀方回，張秉道、康為章等精究和膠之法，其制皆如犀璧。所製銘曰「晁季
　　一寄寂軒造」者，時人推許可與潘谷、陳瞻相埒。著有《墨經》一卷。

〔2〕環堵：四周環著每面一方丈的土牆。

〔3〕褌：又作「裩」。滿襠褲。以別於無襠的套褲而言。

〔4〕晁公子：指晁貫之。

〔5〕自注：季一詩云：思與諸公論人物，試憑清議賦招魂。　　　楚些：指招魂歌，
　　亦泛指楚地的樂調或《楚辭》。

夜坐戲成兩絕呈迪吉宗師二友〔1〕

其一

夜窗燈火著新寒，喜見蒲團一味閒〔2〕。縱有好詩人不要，卻須還與
檻前山〔3〕。

其二

疏簾欲上梧楸影〔4〕，遠枕微聞盆盎鳴〔5〕。甚欲分身就公宿，只愁
塵土變江聲。

〔校注〕

〔1〕迪吉：吳賀，字迪吉，濮陽人。謝逸表弟。宗師：沈宗師。

〔2〕蒲團：用蒲草編成的圓形墊子。多為僧人坐禪和跪拜時所用。一味：單純；一
　　直。

〔3〕檻：門下的橫木。

〔4〕梧楸：梧桐與楸樹。二木皆逢秋而早凋。

〔5〕盆盎：盆和盎。亦泛指較大的盛器。

戲成兩絕奉簡章仲孚兼呈宗師〔1〕

其一

日日勃鳩相應鳴〔2〕，年年春草趁愁生。道人不怕冰霜面〔3〕，又作
南舟十日行。

其二

沈郎愛客如愛酒〔4〕，章子問詩如問禪〔5〕。肯共寒爐撥殘火，共搜佳句作新年。

〔校注〕

〔1〕章仲孚：呂本中大觀二年冬移居真州白沙（據《東萊先生詩集》），有沈宗師、
　　　章仲孚等人向他問詩。王兆鵬《兩宋詞人年譜案》案：「迪吉、章仲孚，未祥。」

〔2〕勃鴣：即勃鴣。鳥名，又名勃鳩。將雨時鳴聲急。

〔3〕道人：指章仲孚。

〔4〕沈郎：指沈宗師。

〔5〕章子：指章仲孚。問禪：猶參禪。

潘邠老嘗得詩云滿城風雨近重陽文章之妙至此極矣後託謝無逸綴成無逸詩云病思王子同傾酒愁憶潘郎共賦詩蓋為此語也王子立之也作此詩未數年而立之邠老墓木已拱無逸窮困江南未有定止感歎之餘輒成二絕〔1〕

其一

漫營新句補殘章，寄與烏衣玉樹郎。他日無人識佳景，滿城風雨近重陽。

其二

好詩政似佳風月，會賞能知己不凡。萬里潘郎舊鄉縣，半江斜日落歸帆。

〔校注〕

〔1〕潘邠老：潘大臨，字邠老，黃岡（今屬湖北省）人。其詩得句法於蘇軾，為
　　　黃庭堅所稱賞，江西派詩人之一。「滿城風雨近重陽」，潘大臨詩句。《冷齋夜
　　　話》云：「黃州潘大臨工詩，有佳句……臨川謝無逸以書問近新作詩否？潘答
　　　書曰：『秋來景物，件件是詩思，恨為俗氣所蔽翳。昨日清臥，聞攪林風雨聲，
　　　遂起題壁曰：滿城風雨近重陽。忽催稅人至。遂敗意，止此一句，奉寄。』」
　　　王子立：王適，蘇軾弟蘇轍的女婿。蘇轍作有《〈王子立秀才文集〉引》。東
　　　坡《王子立墓誌銘》云：「子立、子敏，皆從余學於吳興，學道日進，東南之

士稱之。」又說：「予得罪於吳興，親戚故人皆驚散，獨兩王子不去，送予出郊，曰：『死生禍福，天也，公其如天何！』返取予家，致之南都。」

戲呈外弟趙才仲〔1〕

趙郎風味春月柳，可到阮公青眼邊〔2〕。秋水黏天劇空闊，曉霜扶月作嬋娟〔3〕。北來好句傳新雁，一夜客愁如少年。安得瓊枝更當眼〔4〕，沙頭同理釣魚船。

〔校注〕

〔1〕趙才仲：趙十，趙楠，字才仲，一作材仲。呂本中表弟（外弟）。《東萊先生詩集》中有多首詩寄贈趙才仲。又《東萊呂紫微詩話》中亦提及其善詩，少學柳文。

〔2〕春月柳：春季之柳。用以形容柔美的儀態。阮公青眼：指阮籍用青白眼看人。

〔3〕黏天：貼近天，彷彿與天相連。嬋娟：姿態曼妙優雅。

〔4〕瓊枝：傳說中的玉樹。

嘲拄杖

王郎贈我桃榔杖〔1〕，三歲庵中伴我閒。只為懶行常靠壁〔2〕，不能隨我過嵩山。

〔校注〕

〔1〕桃榔杖：一種拐杖。蘇軾《桃榔杖寄張文潛一首，時初聞黃魯直遷黔南、范淳父九疑也》，集中另有《與張文潛尺牘》云：「屏居荒服，無一物為信，有桃榔方杖一枚，前此土人不知以此為杖也。」

〔2〕靠，原校：一作倚。

戲呈東林雲間二老〔1〕

幾年湖嶺費追尋，尚喜歸來聽足音。御虎已知吾有命，問禪方見子無心。風塵黬慘病如昨〔2〕，歲月崢嶸窮至今〔3〕。猶覺相逢有餘恨，老盆盛酒不同斟。〔4〕

〔校注〕

〔1〕東林：指廬山東林寺。雲間：雲間寺，其地址不詳。

〔2〕黤（yǎn）慘：天色昏黑。

〔3〕崢嶸：山勢高峻突兀的樣子，比喻不平凡，超越尋常。歲月崢嶸：形容不平凡
　　的年月。

〔4〕自注：「余常以謂：可與共飲者至難得也。二公超然之韻，可與共飲也。而不
　　得共飲，為可痛惜。曉此語者，許伊具一隻眼。」　　老盆：指釀酒器。

佛日縱步，相尋索歸甚苦，戲成絕句〔1〕

　　相逢不用苦相催，只到更深月上回〔2〕。莫怪室空無侍者，夜窗相對
有寒梅。

〔校注〕

〔1〕佛日：佛學名詞。比喻佛能破眾生之癡闇，故以日為譬。《涅槃經》十九曰：
　　「佛日將沒大涅槃山。」《觀無量壽經》曰：「唯願佛日教我觀清淨業處。」同
　　天台疏曰：「佛能破壞眾生癡闇，如日除昏，故言佛日。」佛法慈悲廣大，普
　　渡無私，如日之遍照大地。「佛教節日」的簡稱。佛教稱「四齋日」，泰國稱「佛
　　日」。

〔2〕只：原校，一作直。

竹夫人〔1〕

　　與君宿昔尚同床，正坐西風一夜涼。便學短檠牆角棄，不如團扇篋
中藏。人情易變乃如此，世事多虞只自傷。卻笑班姬與陳后，一生辛苦
望專房。〔2〕

〔校注〕

〔1〕竹夫人：古代消暑用具。又稱青奴、竹奴。編青竹為長籠，或取整段竹中間通
　　空，四周開洞以通風，暑時置床席間。唐時名竹夾膝，又稱竹幾，至宋始稱「竹
　　夫人」。

〔2〕班姬：班婕妤，名未詳。成帝時入宮，為婕妤（女官名），后失寵，曾作詩賦
　　自傷。陳后：陳皇后，小字阿嬌。漢武帝年幼時說，「若得阿嬌，當以金屋藏
　　之」。武帝即位，立為皇后，被廢後居長門宮。此聯化用晁補之《行路難和鮮
　　于大夫子駿》詩「不見班姬與陳后。寧聞衰落尚專房」句。

奉懷季平范丈戲成兩絕句錄呈〔1〕

其一

形骸已病尤宜懶，歲月長貧屢有詩。猶得深居少塵事，只如同在嶺南時〔2〕。

其二

新年為況復何如，尚有心情打酒無。只恐後生行樂處，轉嫌吾輩白髭鬚。

〔校注〕

〔1〕范季平：是宋南渡初期參與臨川詞人群中酬唱的詞人。參與酬唱的還有曾公袞（紆）、呂本中、汪藻、高衛、程瑀、蔡楠、謝敏行、汪革、曾幾、曾惇、曾季貍、范顧言、范益謙、吳賀、董需、董曇等人。

〔2〕嶺南：指中國南方的五嶺之南的地區，即廣東、廣西及海南一帶。

戲成二絕句

其一

老讀文書懶不前，亦無餘地可逃禪〔1〕。閉門省事群囂遠，惟有狸奴附日眠〔2〕。

其二

病犬虺隤惟附日〔3〕，懶貓藏縮可逃寒。寧知兩馬霜風下〔4〕，更有長途不道難。

〔校注〕

〔1〕逃禪：指遁世而參禪。唐代牟融《題寺壁》詩：「聞道此中堪遁跡，肯容一榻學逃禪。」

〔2〕狸奴：貓的別稱。宋代陸游《贈貓》詩：「裹鹽迎得小狸奴，盡護山房萬卷書。」

〔3〕虺隤（huī tuí）：疲勞生病（多用於馬），《詩經·國風·周南·卷耳》：「陟彼崔嵬，我馬虺隤。」

〔4〕兩馬：指國馬與公馬。國馬，民間所出之馬，供往來之用；公馬，官家所給之馬，供公家運輸和軍隊使用。《孟子·盡心下》：「城門之軌，兩馬之力與？」

鼓山頌法眼語在裏即求出云大家合眼跳黃河戲成四韻奉答〔1〕

　　合眼跳黃河，未有過得者。豈惟不得過，身亦須判捨〔2〕。告君過河妙，止要具船筏〔3〕。乘時等風去，過此無別法。

〔校注〕

〔1〕鼓山：在福建省福州市東郊、閩江北岸。岩壑幽奇，山徑盤曲。因山巔有巨石如鼓，故名。法眼：佛教語。「五眼」之一。謂菩薩為度脫眾生而照見一切法門之眼。《無量壽經》卷下：「法眼觀察，究竟諸道。慧眼見真，能渡彼岸。」

〔2〕判捨：拚上，豁出去。

〔3〕船筏：渡河的工具。此有佛普渡眾生之意。

戲詠庭前萱草〔1〕

　　傳說亡憂樹後屏，誰教卻種在前亭。想因白髮愁千斛〔2〕，故遣芳階綠一庭。青柎幾時將碧草〔3〕，丹心有日恐飄萍。更憐共道慈親號〔4〕，繞砌還須雨露榮。

〔校注〕

〔1〕萱草：古人認為種植此草，可以使人忘憂，因稱忘憂草。漢代蔡琰《胡笳十八拍》：「對萱草兮憂不忘，彈鳴琴兮情何傷。」

〔2〕斛：中國舊量器名，亦是容量單位，一斛本為十斗，後來改為五斗。

〔3〕柎（fū）：花萼；亦指草木子房。

〔4〕慈親：慈愛的父母。《呂氏春秋‧慎大》：「湯立為天子，夏民大說，如得慈親。」後多指母親。唐代聶夷中《遊子行》：「慈親倚門望，不見萱草花。」

壁上人慾行為雨止戲成一絕句用前韻

　　東風不借南舟便，細雨輕寒鎖暮江。更想亂山明日路，暮雨天風雨打船。

朱 弁

　　朱弁（1085～1144），字少章，號觀如居士，徽州婺源（今屬江西）人，移居新鄭（今河南）。北宋末年入太學，以詩見重於晁說之。高宗建炎元年（1127）冬，以通問副使赴金，被拘留而堅貞不屈，歷十六年始放歸。被秦檜排擠，終奉議郎。有《曲洧舊聞》《風月堂詩話》。今錄戲謔詩 1 首。

龍福寺煮東坡羹戲作〔1〕

　　山寺解塵鞅，溪邊有微行。手摘諸葛菜〔2〕，自煮東坡羹。雖無錦繡腸，亦飽風露清。鉤簾坐捫腹，落日千峰明。

〔校注〕

〔1〕龍福寺：在禹州（今河南許昌）西北。今不存。據《河南通志》卷五十《寺觀》：「龍福寺。在州西北高臺里。隋開皇十二年創建，明洪武間僧崇威重修。」
　　　東坡羹：蓋東坡居士所煮菜羹也。不用魚肉五味，有自然之甘。其法以菘、若蔓菁、若蘆菔、若薺，皆揉洗數過，去辛苦汁，然後慢慢煎熬成粥。

〔2〕諸葛菜：北方常見的一種野花。據說三國時期，諸葛亮率軍北伐時，由於路途艱難，糧食無法按時運來，於是他命令士兵廣種蕪菁（即二月藍），以此解決軍糧。蜀軍離去後，當地百姓也採摘食用，並改名為「諸葛菜」。

陳　淵

　　陳淵（？～1145），字知默，原名漸，字幾叟，世稱默堂先生，南劍州沙縣（今屬福建）人，陳瓘侄孫。早年從二程學，後師事楊時，楊時以女妻之。紹興五年，以廖剛等舉薦，充樞密院編修官。李綱為江南西路制置大使，辟為制置司機宜文字。七年，召對，賜進士出身。九年，除監察御史，尋遷右正言。以論秦檜親黨鄭億年從賊事，為秦檜所惡，去位，主管台州崇道觀。十五年卒。著有《默堂集》二十二卷。今錄戲謔詩6首。

七夕閨意戲范濟美三首〔1〕

其一

　　衡陽新雁幾時歸〔2〕，惆悵佳人萬事非。蓬首西風還拜月〔3〕，夜涼贏得露沾衣。

〔校注〕

〔1〕七夕：農曆七月初七之夕。民間傳說，牛郎織女每年此夜在天河相會。舊俗婦女於是夜在庭院中進行乞巧活動。見南朝梁宗懍《荊楚歲時記》。南朝梁庾肩吾《奉使江州舟中七夕》詩：「九江逢七夕，初弦值早秋。」范濟美：佚名，字濟美。建州建陽縣人。政和五年登進士第，授將仕郎、河南府新安縣尉。歷宿州州學教授。終從政郎、檢討官。可參宋楊時《龜山集》卷三七《范君墓誌銘》。

〔2〕衡陽：在衡山之南。

〔3〕蓬首：形容頭髮散亂如飛蓬。語本《詩‧衛風‧伯兮》：「自伯之東，首如飛蓬。」《晉書‧王徽之傳》：「蓬首散帶，不綜府事。」唐陳子昂《唐故袁州參軍李府君妻清河張氏墓誌銘》：「孀居永日，蓬首終年。」

其二

經年不復到庭除，又見秋風柳欲疏。看罷巧樓歸小閣，床頭重撿近來書。

其三

祝君樽酒醉羅裳，此夜應須石作腸〔1〕。幸自書生惡滋味，那堪千里羨牛郎。〔2〕

〔校注〕

〔1〕石作腸：唐皮日休《桃花賦序》云：「宋廣平為相，貞姿勁質，剛態毅狀，疑其鐵腸與石心，不解吐婉媚辭，然觀其文有《梅花賦》，清便富麗，得南朝徐庾體，殊不類其為人。」

〔2〕牛郎：牽牛星的別稱。亦指牛郎織女故事中的神話人物。唐胡曾《黃河》詩：「沿流欲共牛郎語，只待靈槎送上天。」

戲題延平閣上〔1〕

其一

黃昏欲去更憑欄，珍重銀蟾照膽寒。〔2〕可是歌眉能繫別〔3〕，人間無此好溪山。

〔校注〕

〔1〕延平：今福建南平市。延平閣即在此。

〔2〕銀蟾：月亮的別稱。傳說月中有蟾蜍，故稱。唐白居易《中秋月》詩：「照他幾許人腸斷，玉兔銀蟾遠不知。」照膽：相傳秦咸陽宮中有大方鏡，能照見五臟病患。女子有邪心者，以此鏡照之，可見膽張心動。見《南京雜記》卷三。後因以「照膽」為典，極言明鏡可鑒。北周庾信《鏡賦》：「鏡乃照膽照心，難逢難值。」

〔3〕歌眉：歌者的眉毛。蘇軾《南歌子‧杭州端午》：「山與歌眉斂，波同醉眼流。」

其二

　　西風吹露濕峨冠〔1〕，迥立三山二水間〔2〕。後夜江樓應殢酒〔3〕，一
鉤殘月與誰看。

〔校注〕

〔1〕峨冠：高冠。唐劉商《姑蘇懷古送秀才下第歸江南》詩：「銀河倒瀉君王醉，
　　　灩酒峨冠暍西子。」宋陸游《登灌口廟東大樓觀岷江雪山》詩：「我生不識柏
　　　梁建章之宮殿，安得峨冠侍遊宴。」

〔2〕三山二水：泛指福建南平的山水。

〔3〕殢酒：沉湎於酒；醉酒。宋劉過《賀新郎》詞：「人道愁來須殢酒，無奈愁深
　　　酒淺。」

夏日雨後戲書

　　雷霆挾雨驚殘夢，蕭艾乘風醒宿醒〔1〕。黃檗一杯清晝永〔2〕，張羅
誰復問交情〔3〕。

〔校注〕

〔1〕蕭艾：艾蒿，臭草。常用來比喻品質不好的人。《楚辭·離騷》：「何昔日之芳
　　　草兮，今直為此蕭艾也！」唐杜甫《種萵苣》詩：「中園陷蕭艾，老圃永為恥。」
　　　宿醒：猶宿醉。三國魏徐幹《情詩》：「憂思連相屬，中心如宿醒。」宋司馬光
　　　《和留守相公寄酒與景仁》詩：「想對白衣初滿傾，執杯未飲已詩成。懷賢孤
　　　坐悄無語，不是朝來困宿醒。」

〔2〕黃檗：亦作「黃柏」「黃蘗」。落葉喬木。莖可製黃色染料。樹皮中醫入藥，有
　　　清熱、解毒等作用。《樂府詩集·清商曲辭一·子夜歌十》：「黃檗郁成林，當
　　　奈苦心多。」

〔3〕張羅：形容冷落少人跡。南朝梁何遜《車中見新林分別甚盛》詩：「還入平原
　　　徑，窮巷可張羅。」《隋書·循吏傳·劉曠》：「獄中無繫囚，爭訟絕息，囹圄
　　　盡皆生草，庭可張羅。」參見「門可羅雀」。

趙　鼎

　　趙鼎（1085～1147），字元鎮，自號得全居士。解州（今山西聞喜）人。徽宗崇寧五年（1106）進士。紹興初累官簽書樞密院事，拜尚書左僕射，同中書門下平章事。他是南宋名臣，與李綱、張浚先後居相位，竭力主戰抗金，後遭秦檜排擠，憂憤國事，遂不食而卒。著有《忠正德文集》。今錄戲謔詩1首。

范元長寄示劉野夫《滿庭芳》曲，因用其語戲呈〔1〕

　　暮年身計酒葫蘆〔2〕，定是前身劉野夫〔3〕。他日爛柯山下見〔4〕，儼然一部黑髭鬚。

〔校注〕

〔1〕范元長：即范沖，字元長。范祖禹之子，成都華陽人，登紹聖進士第，曾官翰林侍讀學士。劉野夫：劉山老，字野夫。生卒年不詳。青州人。政和中，人傳其壽一百四十五歲，有道術。惠洪《冷齋夜話》卷八：劉跛子，青州人，拄一拐，每歲必一至洛中看花，館范家園，春盡即還京師。為人談噱有味，范家子弟多狎戲之。有范老見之，即與之二十四金，曰：「跛子吃半角。」小范見時，止與十金，曰：「跛子吃碗羹。」於是以詩謝伯仲曰：「大范見時二十四，小范見時吃碗羹。人生四海皆兄弟，酒肉林中過一生。」劉山老《滿庭芳》：「跛子年來，形容何似，儼然一部髭鬚。世間許大，拐上做工夫。選甚南州北縣，逢著處、酒滿葫蘆。醺醺醉，不知明日，何處度朝晡。　　洛陽，花看了，歸來帝里，一事全無。又還與瓠羹，再作門徒。驀地思量下水，浪網上、蘆席橫鋪。呵呵笑，睢陽門外，有個大南湖。」語戲：談笑嬉戲。

〔２〕酒葫蘆：盛酒的葫蘆。金完顏璹《漁父詞》之一：「釣得魚來臥看書，船頭穩置酒葫蘆。」

〔３〕前身：佛教語。猶前生。《晉書・羊祜傳》：「祜年五歲，時令乳母取所弄金環，乳母曰：『汝先無此物。』祜即詣鄰人李氏東垣桑樹中探得之。主人驚曰：『此吾亡兒所失物也，云何持去！』乳母具言之，李氏悲悗。時人異之，謂李氏子則祜之前身也。」

〔４〕爛柯：山名。在今浙江省衢縣南。唐劉禹錫《衢州徐員外使君遺以縞紵兼竹書箱因成篇用答佳貺》詩：「爛柯山下舊仙郎，列宿來添婺女光。」

卷　四

曾　幾

　　曾幾（1084～1166），字吉甫，號茶山，原籍贛州（今江西贛縣），徙居河南（今河南洛陽）。幾幼有文名，試吏部，賜上舍出身，擢國子正。南宋初，歷任江西、浙西提刑。主張抗金，為秦檜排斥。檜死起復，官至敷文閣待制，以通奉大夫致仕。陸游曾師事之。論詩與呂本中相類，詩學黃庭堅，風格清峻。有《茶山集》。今錄戲謔詩 20 首。

錢生遺筇竹斑杖戲作

　　筇山美竹天下聞，有客錢氏之祁雲〔1〕。自言吾祖嫌杖晚，贈子九節斑爛文。尋幽已得濟勝具〔2〕，傍險更策扶危勳〔3〕。同行安用木上座〔4〕，一日不可無此君〔5〕。

〔校注〕

〔1〕祁雲：福雲，吉祥之雲。

〔2〕尋幽：尋求幽勝。濟勝具：指能攀越勝境、登山臨水的好身體。語出南朝宋劉義慶《世說新語・棲逸》：「許掾好遊山水，而體便登陟，時人云，許非徒有勝情，實有濟勝之具。」

〔3〕傍險：謂倚仗險要的地形。

〔4〕原按：此句本《傳燈錄》，佛日禪師見夾山，舉拄杖曰：惟有木上座同行耳。又見蘇軾詩「留我同行木上座」。原本木誤人，今校改。　　木上座，對木製手杖的戲稱。

〔5〕此君：《晉書・王徽之傳》：「（徽之）嘗寄居空宅中，便令種竹。或問其故，徽之但嘯詠指竹曰：『何可一日無此君邪！』」後因作竹的代稱。

蚊蠅擾甚戲作

黑衣小兒雨打窗，斑衣小兒雷殷床。〔1〕良宵永晝作底用，只與二子更飛揚。開尊匕箸須一洗，〔2〕破卷燈火尤相妨。從來所持白羽扇，〔3〕自許百萬猶能當。安知手腕為汝脫，以小喻大真成狂。揮之使去定無策，葛帳十幅眠空堂〔4〕。朝喧幕閧姑聽汝，〔5〕坐待九月飛嚴霜。

〔校注〕

〔1〕黑衣小兒：蒼蠅。斑衣小兒：蚊子。

〔2〕匕箸：亦作「匕筯」。餐具，羹匙和筷子。

〔3〕白羽扇：特指古代軍中主將用來指揮作戰的白色羽毛扇。

〔4〕空堂：空曠寂寞的廳堂。

〔5〕閧：喧鬧。

效諸生作雪中探梅

野梅消息近，踏冷訪林端。東閣尊空滿，南枝雪半殘。疏條未禁笑，真態欲欺寒。後夜花應好，仍勤束火看〔1〕。

〔校注〕

〔1〕束火：紮火把；用火把照。唐柳宗元《零陵郡復乳穴記》：「束火以知其物，縻繩以志其返。」宋王安石《遊土山示蔡天啟秘校》詩：「束火扶路還，宵明狐兔儷。」

戲同諸孫課春日遲遲

晝漏今多少，人間只自知。簾垂春色靜，窗度日華遲。柳影徐徐轉，花陰緩緩移。助成耕野事，添得讀書時。醉著三竿睡，憂來一局棋。吾徒須愛惜，看即是冬曦。

寓居有招客者戲成

蓬蒿小院立秋天〔1〕，禿鬢淒風雨颯然。丈室何人問摩詰〔2〕，後堂無地著彭宣〔3〕。床頭白酒新浮甕，案上黃詩屢絕編〔4〕。不厭寒家淡生活〔5〕，書窗期與子周旋。

〔校注〕

〔1〕蓬蒿：借指荒野偏僻之處。立秋：二十四節氣之一。在陽曆八月七、八或九日，
農曆七月初。颯然：形容風雨聲。

〔2〕丈室：佛教語。相傳毗耶離（在中印度）維摩詰大士以稱病為由，與前來問疾
的文殊等討論佛法，妙理貫珠。其臥疾之室雖一丈見方而能容納無數聽眾。唐
顯慶年間，王玄策奉敕出使印度，過維摩詰故宅，乃以手板縱橫量之，僅得十
笏，因號方丈、丈室。見《維摩詰經》《釋氏要覽・住處・方丈》。

〔3〕彭宣，字子佩，西漢淮陽國陽夏人。他深通易經，學識淵博，很有名氣，孝成
帝（前 32～前 7 年）時由張禹薦舉，被詔為右扶風，後升廷尉，又遷升為太
原太守。公元前 6 年，哀帝劉欣即位，彭宣任左將軍年餘，後因故免官，以關
內侯銜返家。後經諫議大夫鮑宣屢次推薦，元壽元年（前 2 年）任光祿大夫、
升御史大夫，又轉任大司空，封長平侯。哀帝死後，大司馬王莽專權，彭宣辭
官回鄉，病逝於家中，諡號「頃侯」。

〔4〕黃詩：指黃庭堅的詩作

〔5〕不厭：不滿足；不飽。厭，通「饜」。

郡中禁私釀嚴甚戲作〔1〕

　　結交歡伯無他腸，小槽竊比顧建康。〔2〕此身忽墮禁酒國，何路得到
無功鄉。〔3〕官酤快甚夏酌水，齋釀愜於冬飲湯。〔4〕客來且復置是事，
北焙薦椀春風香。〔5〕

〔校注〕

〔1〕私釀：自己釀酒。

〔2〕歡伯：酒的別名。漢焦贛《易林・坎之兌》：「酒為歡伯，除憂來樂。」小槽：
古時製酒器中的一個部件，酒由此緩緩流出。竅：孔、洞、窟窿。顧建康：對
醇酒的美稱。

〔3〕無功鄉：唐王績，字無功，性嗜酒；嘗採杜康、儀狄以來善酒者為譜，著《醉
鄉記》。見《新唐書・隱逸傳・王績》。後世因以「無功鄉」指醉鄉。

〔4〕酤（gū）：清酒，一夜就熟的酒。齋釀：官廳釀造的酒。

〔5〕自注：時建上送新茗。　　椀：同「碗」。春風；指茶。宋黃庭堅《謝送碾賜
壑源揀牙》詩：「春風飽識大官羊，不慣腐儒湯餅腸。」

家釀紅酒美甚戲作[1]

麴生奇麗乃如許，酒母穠華當若何。[2]向人自作醉時面，遣我寧不蒼顏酡。[3]得非琥珀所成就，更有丹砂相蕩磨。[4]可憐老杜不對汝，但愛引頸舟前鵝。[5]

〔校注〕

〔1〕家釀：家中自釀的酒。

〔2〕麴生：唐鄭棨《開天傳信記》載：道士葉法善，居玄真觀，有朝客數十人來訪，解帶淹留，滿座思酒。突有一人傲睨直入，自稱麴秀才，抗聲談論，一座皆驚，良久暫起，如風旋轉。法善以為是妖魅，俟其復至，密以小劍擊之，隨手墜於階下，化為瓶榼，醲醞盈瓶。坐客大笑飲之，其味甚佳。「坐客醉而揖其瓶曰：『麴生風味，不可忘也。』」後因以「麴生」作酒的別稱。酒母：釀酒的曲。宋王安石《和王微之登高齋》詩：「剩留官屋貯酒母，取醉不竭當如淮。」穠（nóng）華：指女子青春美貌。

〔3〕蒼顏：蒼老的容顏。

〔4〕丹砂：即朱砂。微寒，無毒。

〔5〕老杜：指唐代詩人杜甫。引頸：伸長頸項。唐杜甫《舟前小鵝兒》詩：「引頸嗔船過，無行亂眼多。」

戲作盆池四于和青堂

陂湖春盡水茫茫，收拾波濤入小塘。[1]睡起微涼馥荷氣，雨餘斜日麗萍光。[2]聊為堂下龜魚主，少退階前雁鶩行。[3]只欠盆行數峰在，併持小樹作青蒼。[4]

〔校注〕

〔1〕陂湖：即陂澤。宋周密《齊東野語·漢租最輕》：「陂湖園池假貧民者，勿納租賦。」

〔2〕馥：香氣散發。麗萍光：浮萍上附著傍晚時西斜的陽光。

〔3〕堂：指和青堂。雁鶩：鵝和鴨。

〔4〕行，《天台續集別編》卷三作「山」。　青蒼：借指山林。

廣南韓公圭舶使致龍涎香三種數珠一串戲贈〔1〕

其一

千里傳聞陸凱，一枝遠寄梅花。〔2〕虎節無煩驛使，龍涎走送寒家。〔3〕

〔校注〕

〔1〕《全宋詩》在「韓公」後小字注「圭璉」，誤將「圭」作名。《茶山集》卷七在
「韓公圭」後小字注「璉」，亦誤，應作「璉」。　　韓公圭：韓璉，字公圭。
開封人，韓億曾孫，韓詳之子，其父為省吏，劉光世所辟也。紹興五年充淮西
宣撫使司參議官。紹興七年因淮西軍變被罷免奪職。紹興年間，韓璉知臨江軍，
紹興十九年任廣東提舉市舶，紹興二十二年七月提舉兩浙路市舶兼權知明州，
二十三年三月除兩浙運判。乾道元年，因部將孔福、頓遇遇敵棄城逃避，時任
淮西安撫使韓璉勒停賀州編管。宋代在廣州、泉州、明州（今寧波）等地設「提
舉市舶司」，其長官稱「市舶使」或「提舉」，掌檢查出入海港的船舶、徵收關
稅商稅、收購朝廷專賣品和管理外商等。龍涎香：抹香鯨內臟分泌物，為蠟狀
灰黑色香料。為宋代海舶重要商品。數珠：佛教徒誦經時用來計數的成串的珠
子，也叫念珠。

〔2〕「千里」二句：《荊州記》載，陸凱與范曄交善，自江南寄梅花一枝詣長安與曄，
並贈以詩：「折梅逢驛使，寄與隴頭人。江南無所有，聊贈一枝春。」陸凱：
字敬風，吳郡吳縣（今江蘇蘇州）人。三國時吳國後期重臣，陸遜之姪、陸抗
族兄。以正直及屢次勸諫孫皓而聞名。

〔3〕虎節：使者出行所持的符節。驛使：古代驛站傳送朝廷文書者。

其二

花氣薰肌郁郁，貫珠入手累累。〔1〕想見范公和處，絕勝乃祖偷時。〔2〕

〔校注〕

〔1〕郁郁：香氣濃盛。貫珠：念珠。

〔2〕范公：范仲淹，北宋政治家、文學家。一生致力於政治改革，同時主張詩文革
新。後世稱范文正公。乃祖：你的祖父，指韓億。

鄭侍郎家瑞香花盛開而未賞戲贈二首〔1〕

其一

瑞香花發去年枝，愜對君家白玉池。〔2〕複幕重簾開欲徧，馨香少有外人知。

其二

移春小檻綠樽前〔3〕，記得花頭數尺圓。傳語鄭莊修故事，錦薰籠畔過年年。〔4〕

〔校注〕

〔1〕瑞香：又名睡香、蓬萊紫、風流樹、白瑞香、千里香、雪花皮、山棉皮。

〔2〕自注：玉池，鄭酒名。

〔3〕綠樽：亦作「綠尊」。酒杯。南朝梁沈約《酬謝宣城朓詩》：「賓至下塵楊，憂來命綠樽。」

〔4〕鄭莊：《史記》卷一二〇《鄭當時傳》：「鄭當時者，字莊，陳人也……鄭莊以任俠自喜，脫張羽於戹，聲聞梁楚之間。孝景時，為太子舍人。每五日洗沐，常置驛馬長安諸郊，存諸故人，請謝賓客，夜以繼日，至其明旦，常恐不遍。」錦薰籠：瑞香花的別名。宋胡仔《苕溪漁隱叢話後集・本朝雜記上》：「陳子高《九日瑞香盛開有詩》云：『宣和殿裏春風早，紅錦薰籠二月時。』」俚俗因此詩遂號瑞香為錦薰籠。

曾宏甫見過因問訊鞓紅花則云已落矣驚呼之餘戲成三首〔1〕

其一

茶山老子竟成癡，漫說尋芳去不遲。〔2〕浪蕊飄殘猶自可，名花落盡不曾知。〔3〕

其二

不令老眼看鞓紅，豈是青春不負公。〔4〕尚有揚州風物在，亦防此段併成空。〔5〕

其三

南渡年來兩鬢霜，牡丹芍藥但他鄉。〔6〕即從江水浮淮水，便上維揚向洛陽。〔7〕

〔校注〕

〔1〕曾宏甫：曾惇，字谹父，谹、宏字構字方法一樣，甫與父亦相通。南豐（今屬江西）人，曾紆子。紹興三年，官太府寺丞。十二年，知黃州，嘗以詩十首獻媚秦檜（《能改齋漫錄》卷一一）。十三年，知台州。十八年，知鎮江府。二十六年，知光州。長於詩詞，播在樂府，傳於平康，謝伋稱其詞「英妙卓絕，可繼門戶鍾鼎之盛」（《曾使君新詞序》）。其《浣溪沙》詞有「紫禁正須紅藥句，清江莫與白鷗盟」之句，陳廷焯謂以尋常稱美語，出雅令之筆，實為贈酬詞之別開生面者（《蕙風詞話》卷二）。在台州時著有《曾谹父詩詞》一卷（《直齋書錄解題》卷二〇），已佚。近人周泳先輯有《曾使君新詞》。鞓（tīng）紅（hóng）：牡丹的一種。宋歐陽修《洛陽牡丹記·花釋名》：「鞓紅者，單葉深紅花，出青州，亦曰青州紅……其色類腰帶鞓，故謂之鞓紅。」

〔2〕茶山老子：作者自號茶山居士。曾幾曾僑居江西上饒七年，自稱「茶山居士」。謾說：別說，不要說。

〔3〕浪蕊：指一般花草。名花：此指『鞓紅』牡丹。不曾知，此處意為「競不曾知」，有驚呼之意。

〔4〕老眼：作者自稱「茶山老子」，故說自己的眼是「老眼」。青春，指春天。公，古代對人的尊稱。此處尊稱曾宏甫。二句意為，難道說春天可以辜負我，不讓我這雙老眼觀看「鞓紅」牡丹，而僅僅是不辜負你，只讓你觀看了「鞓紅」牡丹。青春不負公：化用杜牧句「十歲青春不負公」。

〔5〕揚州：今江蘇省揚州。風物，指風光、景物。此指芍藥，古時芍藥以揚州最為著名。併，同「並」，合在一起。

〔6〕南渡：北宋被金滅亡，宋高宗渡江，建都臨安（今浙江杭州），史稱南宋。因是自北渡過長江到南方，故稱「南渡」。兩鬢霜：兩鬢白髮。

〔7〕即從二句：語出杜甫《聞官軍收河南河北》詩：「即從巴峽穿巫峽，便下襄陽向洛陽。」江水，即長江水。淮水，指淮河水。維揚：揚州的別稱。

校書戲成

　　舊時天祿校書郎，習氣薰人老未忘。〔1〕可笑當窗楮生面，卻成宮額半塗黃。〔2〕

〔校注〕

〔1〕天祿：漢代閣名，後亦通稱皇家藏書之所。校（jiào）書郎：官名。掌校讎典籍，訂正訛誤。東漢朝廷藏書於東觀，置校書郎中，宋屬秘書省。

〔2〕楮（chǔ）生：紙的別名。宮額：古代宮中婦女以黃色塗額作為妝飾，因稱婦女的前額為宮額。

雪後月窗戲題

青女翻空一笑開，天花散盡更徘徊。〔1〕嫦娥相與有瓜葛，也向讀書窗下來。

〔校注〕

〔1〕青女：傳說中掌管霜雪的女神。《淮南子・天文訓》：「至秋三月……青女乃出，以降霜雪。」高誘注：「青女，天神，青霄玉女，主霜雪也。」翻空：翻倒。天花：指雪。徘徊：流連，留戀。

木魚戲成〔1〕

緣木求魚卻得魚，擊鮮日日向齋盂。〔2〕可憐鉤掛濠梁上，大勝馮驩每食無。〔3〕

〔校注〕

〔1〕木魚：棕櫚的花苞。棕櫚樹於農曆三月間於幹端莖中抽出數個黃色花苞，苞中有細子成列，狀如魚腹孕子，故俗謂之棕魚，又叫木魚。

〔2〕緣木求魚：《孟子・梁惠王上》：「以若所為求若所欲，猶緣木而求魚也……緣木求魚，雖不得魚，無後災。以若所為求若所欲，盡心力而為之，後必有災。」爬上樹去捉魚，比喻行動和目的相反，勞而無所得。擊鮮：原指宰殺活的牲畜禽魚，後泛作美食。齋盂：煮菜的盆盂。

〔3〕鉤掛：如鉤掛物。濠梁：《莊子・秋水》篇記莊子與惠施觀魚，因辯論魚是否知其樂。馮驩：即馮諼。戰國時齊國人，是薛國（今山東省滕州市官橋鎮）國君孟嘗君門下的食客之一。

竹奴〔1〕

因讀山谷竹奴、腳婆詩戲作，山谷既以竹夫人為竹奴，余亦名腳婆為錫奴焉。

霧帳桃笙晝寢餘，此君那可一朝無。秋來冷落同班扇，歲晚溫柔是錫奴。

〔校注〕

〔1〕竹奴：亦稱竹夫人、竹幾、青奴。古代民間卻暑用具。用竹編成長籠，或取整段毛竹，中間通空，周圍有孔，可以通風，置於床席之間，擱臂憩膝，用以取涼。唐代名竹夾膝，至宋代始稱「竹夫人」，又稱「竹姬」蘇東坡《送竹幾與謝秀才》詩：「留我同行木上坐，贈君無語竹夫人。」

投壺全中戲成〔1〕

寸心只在所投中，出手何曾一箭空。〔2〕不作秋風鋪落葉，端如春草種成叢。〔3〕旁觀詎敢當勍敵，俯拾無勞命短童。〔4〕說與妻孥須辦取，如山酒肉賀全功。〔5〕

〔校注〕

〔1〕投壺：古代士大夫宴飲時做的投擲遊戲，是一種從容安詳、講究禮節的活動，在戰國時得到相當發展。

〔2〕寸心：心事，心願。古人認為心的大小在方寸之間，故名。

〔3〕端：正。

〔4〕勍敵：有力的對手，多謂才藝相當的人。無勞：不要勞累；不用勞煩的意思。

〔5〕妻孥：妻子和子女的統稱，來源於《詩・小雅・常棣》。全功：完滿的功業，這裡指投壺全中。

郭　印

　　郭印（生卒年不詳），晚號亦樂居士，成都（今屬四川）人，郭絳子。入太學，徽宗政和五年（1115）進士，歷知銅梁、仁壽二縣，州府管庫，為學校教官。與秦檜在太學有舊，後絕不與通。與曾慥、計有功等交遊甚密，善為詩。今錄戲謔詩17首。

戲題睡庵壁

　　自我觀世間，色色厭逐迫〔1〕。個中無尺地〔2〕，漫不見阡陌。中有南柯遊〔3〕，未怕東方白。閉眼一榻多，開眼六合窄〔4〕。彌明息如雷〔5〕，非我門下客。覺寐兩不知，俯仰有真宅〔6〕。

〔校注〕

〔1〕色色：樣樣；各式各樣。《新唐書・選舉志上》：「敦厚浮薄，色色有之。」宋
　　　周暉《清波雜志》卷七：「地炎熱，上元已衣紗，果實多不知名，瓜大如斗瓶。
　　　但有名香異花，此外色色無之。」

〔2〕尺地：一尺之地，極言其小。《孟子・公孫丑上》：「尺地莫非其有也，一民莫
　　　非其臣也。」《漢書・主父偃傳》：「今諸侯子弟或十數，而適嗣代立，余雖骨
　　　肉，無尺地之封，則仁孝之道不宣。」

〔3〕南柯：見唐李公佐《南柯太守傳》。

〔4〕六合：天地四方；整個宇宙的巨大空間。《莊子・齊物論》：「六合之外，聖人
　　　存而不論；六合之內，聖人論而不議。」成玄英疏：「六合者，謂天地四方也。」
　　　晉葛洪《抱朴子・地真》：「其大不可以六合階，其小不可以毫芒比也。」

〔5〕彌明：唐韓愈《韓昌黎文集》卷四《石鼎聯句詩序》：「元和七年十二月四日，衡山道士軒轅彌明自衡下來，舊與劉師服進士衡湘中相識，將過太白，知師服在京，夜抵其居宿。有校書郎侯喜新有能詩聲，夜與劉說詩。……劉與侯皆已賦十餘韻，彌明應之如響，皆穎脫含譏諷。夜盡三更，二子思竭不能續。……道士曰：『……吾閉口矣。』二子大懼……即退就座。道士倚牆睡，鼻息如雷鳴。二子怛然失色不敢喘。斯須，曙鼓冬冬，二子亦困，遂坐睡。及覺，日已上，驚顧覓道士不見。」

〔6〕傴仰：俯仰。《後漢書·李固傳》：「固獨胡粉飾貌，搔頭弄姿，盤旋傴仰，從容冶步，曾無慘怛傷悴之心。」宋蘇軾《墨君堂記》：「稚壯枯老之容，披折傴仰之勢。」真宅：謂人死後的真正歸宿。《列子·天瑞》：「鬼，歸也，歸其真宅。」《漢書·楊王孫傳》：「千載之後，棺槨朽腐，乃得歸土，就其真宅。」

孫希汲出示所和杜允迪二詩因次韻並寄允迪以當別後一笑〔1〕

草木藏春柳報先，誰將蒼馭快如鞭。夜中一雨知無價，陌上三農慶有年〔2〕。玉糝寒林梅委地〔3〕，浪翻平野麥連天。陰陽燮理非吾事〔4〕，新歲調和豈偶然。

〔校注〕

〔1〕孫希汲、杜允迪：皆不詳。

〔2〕三農：古謂居住在平地、山區、水澤三類地區的農民。後泛稱農民。《周禮·天官·大宰》：「一曰三農，生九穀。」鄭玄注引鄭司農云：「三農，平地、山、澤也。」唐白居易《賀雨》詩：「宥死降五刑，已責寬三農。」有年：豐年。《書·多士》：「今爾惟時宅爾邑，繼爾居，爾厥有幹有年於茲洛。」孔傳：「汝其有安事有豐年於此洛邑。」《竹書紀年》卷下：「秋大有年。」唐包何《和程員外春日東郊即事》：「郎官休浣憐遲日，野老歡娛為有年。」

〔3〕玉糝：即玉糝羹。宋楊萬里《白魚羹戲題》詩：「東坡玉糝真窮相，得似先生此味珍。」

〔4〕燮理：協和治理。《書·周官》：「立太師、太傅、太保，茲惟三公，論道經邦，燮理陰陽。」孔傳：「和理陰陽。」明唐順之《觀道士祈雨》詩之二：「巫舞商陽古有之，神靈風雨灌壇時。陰陽燮理輸誰力？秪遣兒童頌法師。」

時升詠雪效前人體盡禁比類顏色等字率予同賦用其韻〔1〕

豐年真可必，時雪降今冬。飛霰紛紛集，同雲羃羃重〔2〕。爐深添爇炭，寺遠隔疏鐘。先壓窗前竹，難分嶺上松。畫樓欺酒力，幽徑滅樵蹤。蓑笠看漁父，鉏犁慰老農。穿簷寒正苦，布野潤宜濃。梁苑思重賦〔3〕，袁門想半封〔4〕。龍沙猶張王〔5〕，虎士莫驕慵〔6〕。吾土端無恙，天公久見容〔7〕。

〔校注〕

〔1〕比類：仿傚；效法。《禮記·樂記》：「是故君子反情以和其志，比類以成其行。」孔穎達疏：「比謂比擬善類，以成己身之美行。」《國語·周語下》：「其後伯禹念前之非度，釐改制量，象物天地，比類百則，儀之於民，而度之於群生。」韋昭注：「類，亦象也。」

〔2〕同雲：《詩·小雅·信南山》：「上天同雲，雨雪雰雰。」朱熹集傳：「同雲，雲一色也。將雪之候如此。」因以為降雪之典。唐李咸用《大雪歌》：「同雲慘慘如天怒，寒龍振鬣飛乾雨。」羃羃：密布貌。唐喻鳧《春雨如膏》詩：「羃羃斂輕塵，濛濛濕野春。」唐盧照鄰《悲窮通》詩：「離離碣石之鴻，羃羃江潭之草。」宋梅堯臣《送葛都官南歸》詩：「江南羃羃梅雨時，風帆差差並鳥飛。」

〔3〕梁苑：西漢梁孝王所建的東苑。故址在今河南省開封市東南。園林規模宏大，方三百餘里，宮室相連屬，供遊賞馳獵。梁孝王在其中廣納賓客，當時名士司馬相如、枚乘、鄒陽等均為座上客。也稱兔園。事見《史記·梁孝王世家》。南朝齊王融《奉辭鎮西應教》詩：「溜庭參辯奭，梁苑豫才鄒。」唐李白《贈王判官時余歸隱廬山屏風迭》詩：「荊門倒屈宋，梁苑傾鄒枚。若笑我誇誕，知音安在哉！」

〔4〕袁門：指漢袁安的家門。唐白居易《雪中酒熟，欲攜訪吳監，先寄此詩》：「陳榻無辭解，袁門莫懶開」。

〔5〕龍沙：即白龍堆。《後漢書·班超傳贊》：「定遠慷慨，專功西遐。坦步蔥雪，咫尺龍沙。」李賢注：「蔥嶺、雪山，白龍堆沙漠也。」
張王：指漢張耳。項羽分封諸侯王時被封為常山王，後歸劉邦，又改立為趙王。《文選·劉孝標〈廣絕交論〉》：「伍員灌溉於宰嚭，張王撫翼於陳相。」李善注：「陳餘因張耳撫翼而奮飛。」

〔6〕虎士：謂勇猛如虎之戰士。周代虎賁氏下有虎士。《周禮·夏官·序官》：「虎賁氏下大夫二人，中士十有二人，府二人，史八人，胥八十人，虎士八百人。」

鄭玄注：「不言徒曰虎士，則虎士徒之選勇力者。」唐李白《送趙判官赴黔府
中丞叔幕》詩：「虎士秉金鉞，蛾眉開玉樽。」

〔7〕天公：天。以天擬人，故稱。《尚書大傳》卷五：「煙氛郊社，不修山川，不祝
風雨，不時霜雪，不降責於天公。」見容：被寬容、接受。宋王安石《燕》詩：
「行藏似欲追時節，豈是人間不見容。」

既為誼夫賦墳廬詩乃蒙和韻再成十首為謝兼簡韶美以資一噱〔1〕

其一

秋螢腐草化，芝菌出枯朽〔2〕。形質但變遷，中有一物久〔3〕。

〔校注〕

〔1〕韶美：劉儀鳳（1110～1176），字韶美。普州（四川安岳）人。紹興初進士。
登第十年始赴蓬溪尉。紹興末遷禮部員外郎，箋奏稱典雅。乾道初遷兵部侍
郎兼侍講，因故斥歸蜀。起知漢州、果州，又罷歸。「儀鳳苦學，至老不倦，
尤工於詩。然頗慕晉人簡傲之風。不樂與庸輩接，故平生多蹭蹬，一跌遂不
振云」。

〔2〕芝菌：即靈芝。《新唐書·柳宗元傳》：「雖朽櫱敗腐不能生植，猶足蒸出芝菌，
以為瑞物。」枯朽：指枯槁腐朽之物。《漢書·異姓諸侯王表》：「鑴金石者難
為功，摧枯朽者易為力。」晉葛洪《抱朴子·詰鮑》：「夫聖人知凶醜之自然，
下愚之難移，猶春陽之不能榮枯朽，炎景之不能鑠金石。」宋蘇軾《次韻呂梁
仲屯田》：「空虛豈敢酬瓊玉，枯朽猶能出菌芝。」

〔3〕一物：一種事物；一件事物。即精神。《管子·白心》：「然而天不為一物枉其
時，明君聖人亦不為一人枉其法。」《史記·周本紀》：「此一物足以釋西伯，
況其多乎！」

其二

大道無關鍵〔1〕，人人悉可窺。超然明日用〔2〕，了不礙云為〔3〕。

〔校注〕

〔1〕大道：正道；常理。指最高的治世原則，包括倫理綱常等。《禮記·禮運》：
「孔子曰：『大道之行也，與三代之英，丘未之逮也，而有志焉。』」《漢書·
司馬遷傳贊》：「又其是非頗繆於聖人，論大道則先黃老而後六經。」無關鍵：
沒有關楗或不上門閂。語出《老子》「善閉，無關楗而不可開」。原意是善閉

門者，不用門閂，別人也開不了。後以「無關」謂善守其道，則堅不可破。
唐楊巨源《送澹公歸嵩山龍潭寺葬本師》詩：「莫戀本師金骨地，空門無處復
無關。」

〔2〕超然：謂離塵脫俗。《老子》：「雖有榮觀，燕處超然。」晉陶潛《勸農》詩：
「若能超然，投跡高軌，敢不斂衽，敬贊德美。」

〔3〕云為：所為。漢班固《東都賦》：「子實秦人，矜誇館室，保界河山，信識昭襄
而知始皇矣，烏睹大漢之云為乎！」《漢書·李尋傳》：「君不修道，則日失其
度，晻昧無光，各有云為。」王先謙補注：「云猶所也。」

其三

伏羲畫卦後〔1〕，文字積丘山〔2〕。誰知聖人意〔3〕，要妙唯一言〔4〕。

〔校注〕

〔1〕伏羲：古代傳說中的三皇之一。風姓。相傳其始畫八卦，又教民漁獵，取犧牲
以供庖廚，因稱庖犧。亦作「伏戲」「伏犧」。《莊子·繕性》：「逮德下衰，及
燧人、伏羲始為天下，是故順而不一。」《莊子·大宗師》：「伏戲氏得之，以
襲氣母。」漢揚雄《法言·問道》：「鴻荒之世，聖人惡之，是以法始乎伏犧而
成乎堯。」

〔2〕丘山：墳墓。《文選·張載〈七哀〉》：「昔為萬乘君，今為丘山土。」李善注：
「《方言》曰：冢大者為丘。」

〔3〕聖人：指品德最高尚、智慧最高超的人。《易·乾》：「聖人作而萬物睹。」《孟
子·滕文公下》：「堯舜既沒，聖人之道衰。」

〔4〕要妙：亦作「要眇」。精深微妙。《老子》：「不貴其師，不愛其資，雖智大迷，
是謂要妙。」《三國志·吳志·劉惇傳》：「惇於諸術皆善，尤明太乙，皆能推
演其事，窮盡要妙，著書百餘篇。」

其四

仲尼作六經〔1〕，中遭秦火厄〔2〕。畢竟不可磨，尊道而貴德〔3〕。

〔校注〕

〔1〕仲尼：孔子的字。孔子名丘，春秋魯國人。《莊子·人間世》：「顏回見仲尼，
請行。」《史記·孔子世家》：「紇與顏氏女野合而生孔子，禱於尼丘得孔子。
魯襄公二十二年而孔子生。生而首上圩頂，故因名曰丘雲，字仲尼。」六經：
六部儒家經典。《莊子·天運》：「孔子謂老聃曰：『丘治《詩》《書》《禮》《樂》

《易》《春秋》六經，自以為久矣，孰知其故矣。」《漢書・武帝紀贊》：「孝
武初立，卓然罷黜百家，表章六經。」顏師古注：「六經，謂《易》《詩》《書》
《春秋》《禮》《樂》也。」漢以來無《樂經》。今文家以為「樂」本無經，
皆包含於《詩》、《禮》之中；古文家以為《樂》毀於秦始皇焚書。參見「六
藝」。

〔2〕秦火：指秦始皇焚書事。唐孟郊《秋懷》詩之十五：「秦火不蓺舌，秦火空蓺
文。」

〔3〕貴德：重視德行。《孟子・公孫丑上》：「孟子曰：仁則榮，不仁則辱，今惡辱
而居不仁，是猶惡濕而居下也。如惡之，莫如貴德而尊士。」《晉書・庾峻傳》：
「帝王貴德於上，俗亦反末於下。」

其五

黑白未分時〔1〕，幾人知此著。一著只這是，為子說崖略〔2〕。

〔校注〕

〔1〕黑白：黑色和白色。《墨子・天志中》：「將以量度天下之王公大人卿大夫之仁
與不仁，譬之猶分黑白也。」唐白居易《時世妝》詩：「妍蚩黑白失本態，妝
成盡似含悲啼。」

〔2〕崖略：大略，梗概。《莊子・知北遊》：「夫道窅然難言哉，將為汝言其崖略。」

其六

忘機海上游，鷗鳥下為侶〔1〕。入山莫怖畏〔2〕，猛虎即是汝。

〔校注〕

〔1〕用「鷗鳥忘機」之典。《列子・黃帝》：「海上之人有好鷗鳥者，每旦之海上，
從鷗鳥遊，鷗鳥之至者百住而不止。其父曰：『吾聞鷗鳥皆從汝遊，汝取來，
吾玩之。』明日之海上，鷗鳥舞而不下也。」消除機巧之心。常用以指甘於淡
泊，與世無爭。唐王勃《江曲孤鳧賦》：「爾乃忘機絕慮，懷聲弄影。」

〔2〕怖畏：亦作「怖恨」。恐懼。《後漢書・度尚傳》：「刺史度尚懼盤先言，怖畏罪
戾，伏奏見誣。」北齊顏之推《顏氏家訓・歸心》：「若有天眼，鑒其念念隨滅，
生生不斷，豈可不怖畏耶？」

其七

法法本來空〔1〕，無垢亦無淨〔2〕。直向異類行，何曾失正性〔3〕。

〔校注〕

〔1〕法法：語出《管子》的一篇同名文章，是《管子》一書的基本觀念之一。就是法之為法，法其所法。也就是嚴格遵循法，實行法。即「法道」和「法象天道」。

〔2〕無垢：佛教語。謂清淨無垢染。多指心地潔淨。唐陸贄《月臨鏡湖賦》：「至明洞幽，至清無垢。」宋蘇軾《見溫泉壁上有詩亦作一絕》：「若信眾生本無垢，此泉何處覓寒溫？」

〔3〕正心：使自己的知、情、意與外界融合。也自然地會與自己面前的事物融合，故能不「心不在焉，視而不見、聽而不聞」。儒家提出的一種修養方法。這種心氣也是《孟子》所言的「浩然之氣」的感應相符。《大學》中提出的格物、致知、誠意、正心、修身、齊家、治國、平天下八條目，成為南宋以後理學家基本綱領的一部分。

其八

漏泄春光處〔1〕，山寒已放梅。癡兒元不識〔2〕，須待百花開。

〔校注〕

〔1〕漏泄春光：透露春天的信息。唐杜甫《臘日》詩：「侵陵雪色還萱草，漏泄春光有柳條。」

〔2〕癡兒：俗言庸夫俗子。宋黃庭堅《登快閣》詩：「癡兒了卻公家事，快閣東西倚晚晴。」

其九

相逢無間隔，萬里一天風。與子元同姓，何勞問祖翁。

其一〇

辯嗤孟軻勞〔1〕，清笑伯夷隘〔2〕。秋毫滿六虛〔3〕，須彌藏一芥〔4〕。

〔校注〕

〔1〕孟軻（約前372～前289），字子輿，鄒（今山東鄒縣）人。受業於孔子之孫子思的門人。是繼孔子之後儒家學派的又一最有影響的大師，被尊為「亞聖」，又與孔子並稱「孔孟」。

〔2〕伯夷：孤竹君的長子，與叔齊同逃周，隱居在首陽山。

〔3〕秋毫：亦作「秋豪」。鳥獸在秋天新長出來的細毛。喻細微之物。《商君書‧錯法》：「夫離朱見秋豪百步之外，而不能以明目易人。」《孫子‧形》：「舉秋毫

不為多力，見日月不為明目，聞雷霆不為聰耳。」六虛：上下四方。《列子‧
仲尼》：「用之彌滿，六虛廢之，莫知其所。」晉葛洪《抱朴子‧自敘》：「循途
雖坦，而足無騏驥；六虛雖曠，而翼非大鵬。」

〔4〕須彌：信佛者泛指山。唐楊炯《梓州惠義寺重閣銘》：「俯觀大道，僅如棗葉；
下望須彌，裁同芥子。」一芥：一粒芥籽。形容量小。《淮南子‧說山訓》：「君
子之於善也，猶採薪者，見一芥掇之，見青蔥則拔之。」

戲投竹葉急流中

戲投筠葉赴湍流，顛倒縱橫不自由。我亦江湖飄一葦〔1〕，千波萬浪
信沉浮。

〔校注〕

〔1〕一葦：《詩‧衛風‧河廣》：「誰謂河廣，一葦杭之。」孔穎達疏：「言一葦者，
謂一束也，可以浮之水上而渡，若桴筏然，非一根葦也。」後以「一葦」為小
船的代稱。《三國志‧吳志‧賀邵傳》：「臣聞否泰無常，吉凶由人，長江之限
不可久恃，苟我不守，一葦可航也。」宋蘇軾《遊武昌寒溪西山寺》詩：「今
朝橫江來，一葦寄衰朽。」

正紀見遺梅花云春信數枝輒分風月以助清樽而一樽無有也戲成兩絕贈之〔1〕

其一

水中疏影月中香〔2〕，枯樹前頭獨自芳。不有幽人時賞玩〔3〕，誰傳
春信及寒鄉〔4〕。

〔校注〕

〔1〕梅花：梅樹的花。早春先葉開放，花瓣五片，有粉紅、白、紅等顏色。是有名
的觀賞植物。《樂府詩集‧清商曲辭一‧子夜四時歌春歌六》：「杜鵑竹裏鳴，
梅花落滿道。」唐駱賓王《西行別東臺詳正學士》詩：「上苑梅花早，御溝楊
柳新。」

〔2〕疏影：疏朗的影子。唐杜牧《長安夜月》詩：「古槐疏影薄，仙桂動秋聲。」
宋林逋《山園小梅》詩：「疏影橫斜水深淺，暗香浮動月黃昏。」

〔3〕幽人：幽隱之人；隱士。《易・履》：「履道坦坦，幽人貞吉。」孔穎達疏：「幽
　　　人貞吉者，既無險難，故在幽隱之人守正得吉。」《後漢書・逸民傳序》：「光
　　　武側席幽人，求之若不及。」

〔4〕鄉，原作香，據再和韵改。

其二

　　風月憐君幸見分〔1〕，老年春事正堪論。〔2〕花枝照眼成惆悵，欲洗
愁城欠一樽。〔3〕

〔校注〕

〔1〕風月：清風明月。泛指美好的景色。《宋書・始平孝敬王子鸞傳》：「上痛愛不
　　　已，擬漢武《李夫人賦》，其詞曰：『……徙倚雲日，裴回風月。』」唐呂岩《酹
　　　江月》詞：「倚天長嘯，洞中無限風月。」

〔2〕春事：春色；春意。唐徐晶《同蔡孚〈五亭詠〉》：「幽棲可憐處，春事滿林扉。」

〔3〕愁城：喻愁苦難消的心境。北周庾信《愁賦》：「攻許愁城終不破，蕩許愁門終
　　　不開。」

沈與求

沈與求（1086～1137），字必先，一字和仲，德清（今屬浙江）人。徽宗政和五年（1115）進士。歷知潭州、鎮江府、荊湖南路、兩浙西路安撫使，除參加政事、知樞密院事。諡忠敏。有《龜溪集》。今錄戲謔詩 6 首。

子修步屧相過屬疾不能倒屣戲贈〔1〕

簿書日在手〔2〕，佳思挽不留〔3〕。而能痛撥置〔4〕，時來訪清幽。古木占城陰，一曲縈寒流。落影插清泚〔5〕，綠蔭亦已稠。結亭坐蟠石〔6〕，傲兀忘拘囚〔7〕。雄談功名外，俊氣橫九州〔8〕。事故未應爾〔9〕，長恐坐阻修〔10〕。造物小兒相〔11〕，妒我得暫休。河魚竟中潰，午枕猶扶頭〔12〕。雙鳧飛鳥聲〔13〕，歷歷過牆陬。此興豈復淺，何當起從遊。試令開丈室〔14〕，子能問疾不。

〔校注〕

〔1〕步屧：行走；漫步。《南史·袁粲傳》：「（袁粲）又嘗步屧白楊郊野間，道遇一士大夫，便呼與酣飲。」唐杜甫《遭田父泥飲美嚴中丞》詩：「步屧隨春風，村村自花柳。」屬疾：生病。《新唐書·肅宗七女傳》：「會主薨，太子屬疾，乃殺妃以厭災。」倒屣：亦作「倒屧」。急於出迎，把鞋倒穿。《三國志·魏志·王粲傳》：「時邕才學顯著，貴重朝廷，常車騎填巷，賓客盈坐。聞粲在門，倒屣迎之。粲至，年既幼弱，容狀短小，一坐盡驚。邕曰：『此王公孫也，有異才，吾不如也。』」後因以形容熱情迎客。唐皮日休《初夏即事寄魯望》詩：「敲門若我訪，倒屣欣逢迎。」

〔2〕簿書：官署中的文書簿冊。《漢書‧賈誼傳》：「而大臣特以簿書不報，期會之間，以為大故。」唐李紳《宿越州天王寺》詩：「休按簿書懲黠吏，未齊風俗昧良臣。」

〔3〕佳思：美好的意趣；良好的心緒。宋陳師道《晚望》詩：「稱目有佳思，側徑無好步。」

〔4〕撥置：廢置；擱置。晉陶潛《還舊居》詩：「撥置且莫念，一觴聊可揮。」撥，一本作「廢」。

〔5〕清泚：清澈。南朝齊謝朓《始出尚書省》詩：「邑里向疏蕪，寒流自清泚。」唐費冠卿《枕流石》詩：「願以清泚流，鑒此堅貞質。」宋歐陽修《荷花賦》：「陰曲池之清泚，漾波紋之瀲淪。」

〔6〕蟠石：磐石，巨石。《易通卦驗》：「霜降太陰雲出，上如羊，下如蟠石。」

〔7〕傲兀：猶傲岸。晉葛洪《抱朴子‧疾謬》：「以傲兀無檢者為大度，以惜護節操者為澀少。」唐韓愈《寄崔二十六立之》詩：「傲兀坐試席，深叢見孤羆。」

〔8〕俊氣：英俊氣概。唐李益《輕薄篇》詩：「天生俊氣自相逐，出與雕鶚同飛翻。」九州：古代分中國為九州。說法不一。《書‧禹貢》作冀、兗、青、徐、揚、荊、豫、梁、雍；《爾雅‧釋地》有幽、營州而無青、梁州；《周禮‧夏官‧職方》有幽、并州而無徐、梁州。後以「九州」泛指天下，全中國。

〔9〕事故：事情，問題。《周禮‧秋官‧小行人》：「凡此五物者，治其事故。」唐白居易《對酒勸令公開春遊宴詩》：「自去年來多事故，從今日去少交親。」

〔10〕阻修：謂路途阻隔遙遠。晉張載《擬四愁詩》：「我所思兮在營州，欲往從之路阻修。」宋梅堯臣《送許璋監簿歸泰州》詩：「我非魚鳥情，貧縛路阻修。」

〔11〕《景龍文館記》：杜審言好大言，臨終，宋之問往候之，乃曰：「甚被造物小兒相苦。僕在世久厭公等，今死固當慰人心，但恨不兄替人耳。」

〔12〕午枕：午睡的枕頭。多指午睡。宋王安石《獨臥》詩之三：「午枕花前簟欲流，日催紅影上簾鉤。」

〔13〕雙鳧：兩隻水鳥；兩隻野鴨。漢揚雄《解嘲》：「譬若江湖之崖，渤澥之島，乘雁集不為之多，雙鳧飛不為之少。」宋黃庭堅《次韻清水岩》：「雙鳧能來遊，俗子跡可掃。」飛舄：指可乘以飛行的仙鞋。明何景明《七述》：「於是彌駕層顛，飛舄絕嶠。」

〔14〕丈室：猶斗室。言房間狹小。唐白居易《秋居書懷》詩：「何須廣居處，不用多積蓄。丈室可容身，斗儲可充腹。」

秋日戲呈蔣達可檢討

西風摵摵舞庭槐〔1〕，沈李浮瓜事益乖〔2〕。不飲竟逃官長罵，長年
唯厭太常齋〔3〕。已看簾幕辭歸燕，猶訝池塘沸亂蛙。坐想癯仙遙集處
〔4〕，應頹醉玉泥金釵。

〔校注〕

〔1〕摵摵（shè）：象聲詞。形容葉片掉落的聲音。《文選‧盧諶詩》：「摵摵芳草零，
　　　榮榮芬華落。」

〔2〕沈李浮瓜：沈，同「沉」。三國魏曹丕《與朝歌令吳質書》：「浮甘瓜於清泉，
　　　沈朱李於寒水。」謂天熱把瓜果用冷水浸後食用。後以「沈李浮瓜」借指消夏
　　　樂事。亦用以泛指消夏果品。乖：背離；不一致。

〔3〕太常齋：《後漢書‧儒林傳下‧周澤》載：周澤為太常，清潔循行，盡敬宗廟。
　　　常臥疾齋宮，其妻哀周澤老病，窺問所苦。周澤大怒，以妻干犯齋禁，遂收
　　　送詔獄謝罪。時人為之語曰：「生世不諧，作太常妻，一歲三百六十日，三百
　　　五十九日齋。」太常為官名，秦時置奉常，漢景帝六年更名為太常，掌管宗
　　　廟禮儀，兼管選試博士。該職務對任職者自身品格要求較高。後因以「太常
　　　齋」指清冷孤寂的生活。唐代高適《酬裴員外以詩代二恬》：「臥看中散論，
　　　愁憶太常齋。」

〔4〕癯仙：舊時借稱身體清瘦而精神矍鑠的老人。文人學者亦往往以此自稱。《史
　　　記‧司馬相如列傳》：相如拜為孝文園令。天子既美子虛之事，相如見上好仙
　　　道，因曰：「上林之事未足美也，尚有靡者。臣嘗為大人賦，未就，請具而奏
　　　之。」相如以為列仙之傳居山澤閒，形容甚癯，此非帝王之仙意也，乃遂就《大
　　　人賦》。唐司馬貞《史記索隱》注引徐廣曰：「癯，瘦也。」

次律兄餉魚魚不至而詩至頗類南海使君送酒輒成三絕一笑而已賜
茗少分以報厚意

其一

憑虛公子騎鯨後〔1〕，烏有先生控鯉初〔2〕。可是凡魚亦仙去，空餘
一紙腹中書。

〔校注〕

〔1〕憑虛公子：漢張衡《西京賦》：「有憑虛公子者，心奓體忕。」憑：依託。原指假託的人，現也泛指虛構的人或事。　騎鯨：亦作「騎京魚」。《文選・揚雄〈羽獵賦〉》：「乘巨鱗，騎京魚。」　李善注：「京魚，大魚也，字或為鯨。鯨亦大魚也。」後因以比喻隱遁或遊仙。

〔2〕烏有先生：本為漢朝司馬相如《子虛賦》中虛擬的人名，烏有先生，即本無此人。現指虛構的、本不存在的事情。語出《史記・司馬相如列傳》：「烏有先生者，烏有此事也。」控鯉：傳說戰國時趙人琴高，入涿水取龍子，與諸弟子相約，當於某日返。至期果乘赤鯉而出。後因以「控鯉」指得道成仙。

其二

先生遠餉錦鱗鮮〔1〕，剝啄扣門驚阿連〔2〕。只有珠璣落窗幾，空教口角墮饞涎〔3〕。

〔校注〕

〔1〕餉：贈送。錦鱗：魚的美稱。南朝宋鮑照《芙蓉賦》：「戲錦鱗而夕映，曜繡羽以晨過。」

〔2〕剝（bō）啄：擬聲詞。形容叩門的聲音。宋蘇軾《次韻趙令鑠惠酒》：「門前聽剝啄，烹魚得尺素。」阿連：指南朝宋詩人謝靈運從弟謝惠連。後亦泛指兄弟。

〔3〕涎：唾沫；口水。

其三

尚方小鳳賜精芽〔1〕，戲比瓊瑤報木瓜〔2〕。夢境紛紛非實相，往煩鉤起睡中蛇。

〔校注〕

〔1〕尚方：複姓。小鳳：唐宋時中書舍人的別稱。明朝楊慎《丹鉛總錄・官爵・小鳳小儀》：「唐人以中書舍人為小鳳，蓋以中書省有鳳池也……宋人猶襲其稱，張天覺自小鳳拜右揆是也。」賜：即「賜」。賞給。

〔2〕瓊瑤：美玉。木瓜：落葉灌木，果似小瓜。古代有以瓜果之類為朋友的信物的風俗。瓊瑤報木瓜：指報答他人對待自己的深情厚誼。《詩・衛風・木瓜》：「投我以木瓜，報之以瓊琚。匪報也，永以為好也！投我以木桃，報之以瓊瑤。匪報也，永以為好也！」

戲酬嘗草茶〔1〕

慣看留客費瓜茶，政羨多藏不示誇〔2〕。要使睡魔能偃草〔3〕，肯慚歡伯解迷花〔4〕。一旗但覺烹殊品〔5〕，雙鳳何須覓瑞芽〔6〕。待摘家山供茗飲，與君盟約去驕奢。

〔校注〕

〔1〕草茶：烘烤而成的茶葉。相對於加工方法不同的團茶而言。

〔2〕羨：超過。

〔3〕偃草：也作草偃，即風吹草倒。偃，倒伏，伏倒為僕，仰倒為偃。孔子認為，理政者之德。對百姓的影響有如風吹草倒。後因用以指道德教化的普及。《論語·顏淵》：「季康子問政於孔子曰：『如殺無道，以就有道，何如？』孔子對曰：『子為政，焉用殺？子欲善而民善矣。君子之德風，小人之德草。草上之風，必偃。』」

〔4〕歡伯：酒的別名。漢焦贛《易林·坎之兌》：「酒為歡伯，除憂來樂。」

〔5〕一旗：即一鎗一旗。指幼嫩的茶葉。鎗，亦作「槍」。宋趙佶《大觀茶論·採擇》：「凡茶如雀舌穀粒者為鬥品，一鎗一旗為揀芽，一鎗二旗為次之。」

〔6〕雙鳳：比喻兩位才德出眾的人。《北史·魏蘭根傳》：「景義、景禮並有才行，鄉人呼為雙鳳。」瑞芽：嫩茶名。

劉才邵

劉才邵（1086～1157），字美中，號樞溪居士，吉州廬陵（今江西吉安）人。徽宗大觀三年（1109）上舍釋褐，宣和二年（1120）中宏詞科，官終工部侍郎權吏部尚書。其詩文時皆有名。著有《樞溪居士集》。今錄戲謔詩4首。

德元盛暑中觀刈稻，憩於茂林間，愛其繁密因加芟治，名曰綠陰軒，以詩相示，戲為作此

焦先但作蝸牛廬〔1〕，真與蝸牛殼相似。當時雖省營築勞，把茅蓋頭已多事〔2〕。珏溪樵客意高遠，幾欲巢居如上古〔3〕。茂林深處即幽居，樹作簷楹根作礎〔4〕。經始全資木居士〔5〕，竹夫人來共胥宇〔6〕。刪繁聊藉刈禾鐮，補罅不須修月斧〔7〕。山中熊館作比鄰，夢裏蟻城真別墅。蔥帳不容逋客歸〔8〕，藥房閒詠騷人語。月鈎斜掛賽雲箔〔9〕，霞綺高長當朱戶。瑤砌無塵透曉霜〔10〕，珠簾隔霧連天雨。洞門雖開亦非開，當空鑿出高崔嵬。憑虛公子見之喜〔11〕，便約亡是公同來〔12〕。更容明月作不速，賓主談辯聲如雷。畫空題詩記真賞〔13〕，要與幽人作牓樣。是中無欠亦無餘，一任傍人說半藏。莫言基址真牢固，夜半負之人莫悟。玉川膽怯不須論〔14〕，覷著地皮卷不去。須防毗耶無垢師〔15〕，擎向手中便進步。要當石頭具道眼〔16〕，本自無來今不住。饒他百倍有神通，到此一籌無用處。

〔校注〕

〔1〕焦先：字孝然，漢末隱士。河東（治今山西夏縣西北）人。中平末白波起義，

—133—

先避地揚州。建安初西還關中,隱居大陽(今山西平陸西南)。自作一蝸牛廬,
饑則出為客作,飽食而已,不取其值。冬夏恒不著衣,結草為裳,臥不設席,
以身親土。呻吟獨語,少與人言。以隱士異節聞世。時稱「狂癡」,目為神仙
處士。魏嘉平時卒,年八十九。宋蘇軾《和雜詩》之三:「空餘焦先室,不傳
元化方。」　　蝸牛廬:形圓似蝸牛的簡易廬舍。亦泛指簡陋的房屋。裴松之
注引三國 魏魚豢《魏略》:「先等作圜舍,形如蝸牛蔽,故謂之蝸牛廬。」

〔2〕茅蓋頭:以茅草蓋在頭上以蔽日曬雨淋,借指草庵。《六祖壇經‧頓漸品》:「汝
向去有把茅蓋頭,也只成個知解宗徒!」

〔3〕珏溪樵客:疑其標題中「德元」,不詳其人。劉才邵《瑪瑙數珠偈》:「如是我
聞,一時珏溪樵客,遊觀原野,經歷茂居。綠陰軒中,宴坐之際,有一長者持
無價寶珠一百有八,貫以彩繩,向樵客言:『往者吾得此珠於衢中,今以相奉,
非吝非捨』……」巢居:謂上古或邊遠之民於樹上築巢而居。《莊子‧盜跖》:
「古者禽獸多而人民少,於是人皆巢居以避之。」

〔4〕簷楹:屋簷下廳堂前部的樑柱。唐韓愈《食曲河驛》詩:「群鳥巢庭樹,乳雀
飛簷楹。」

〔5〕經始:開始營建。木居士:對木雕神像的戲稱。唐韓愈《題木居士》詩之一:
「火透波穿不計春,根如頭面幹如身,偶然題作木居士,便有無窮求福人。」

〔6〕竹夫人:古代消暑用具。又稱青奴、竹奴。唐時名竹夾膝,又稱竹几,至宋始
稱竹夫人。胥宇:察看可築房屋的地基和方向。猶相宅。《詩‧大雅‧綿》:「爰
及姜女,聿來胥宇。」

〔7〕修月斧:修月之斧。神話傳說,月由七寶合成,常有八萬二千戶修之,故有此
稱。見唐段成式《酉陽雜俎‧天咫》。亦比喻盡文章能事。宋蘇軾《王文玉挽
詞》:「才名誰似廣文寒,月斧雲斤琢肺肝。」

〔8〕蔥:青綠色。《禮記‧玉藻》:「三命赤韍蔥衡。」逋(bū)客:漂泊流亡的人;
失意的人。唐白居易《讀李杜詩集因題卷後》詩:「暮年逋客恨,浮世謫仙悲。」

〔9〕褰(qiān):提起;提著。雲箔(bó):雲簾。天宮以雲為簾幕。南朝梁劉緩《新
月》詩:「仙宮雲箔卷,露出玉簾鉤。」

〔10〕瑤砌:用玉砌造或裝飾的臺階、地面、牆壁等。唐楊炯《青苔賦》:「白露下,
蒼苔蕪,暗瑤砌,澀瓊鋪。」

〔11〕憑虛公子:指子虛。西漢司馬相如《子虛賦》裏面的人物。原指假託的人,現
也泛指虛構的人或事。

〔12〕亡是公：西漢司馬相如作《子虛賦》，假託子虛、烏有先生、亡是公三人互相
　　　問答。後因以「亡是公」指實際上不存在的人或物。

〔13〕自注：記云畫空題詩於其上也。

〔14〕玉川：清澈的河水。唐白居易《和李相公六韻》：「似從銀漢下，落傍玉川西。」

〔15〕毗耶：指維摩詰菩薩。詩文中常用以比喻精通佛法、善說佛理之人。唐賈島
　　　《和孟逸人林下道情》：「陋巷貧無悶，毗耶疾未調。」無垢：佛教語。謂清
　　　淨無垢染。多指心地潔淨。唐陸贄《月臨鏡湖賦》：「至明洞幽，至清無垢。」

〔16〕道眼：佛教語。指能洞察一切，辨別真妄的眼力。《敦煌變文彙錄·維摩詰經
　　　問疾品變文》：「必使天龍開道眼，教伊八部悟深因。」

夜夢一道人見訪相與語甚久頗及宗乘中事因戲之曰仙家亦學佛耶其人笑曰仙佛豈有二哉覺而異之作詩紀其事

　　北風吹雲蕭天宇，蕙帳寒生月當戶〔1〕。頹然就枕睡思濃，魂夢悠悠迷處所。仙宮勝士肯見臨，促席從容陪軟語〔2〕。自言本事清虛君〔3〕，學佛求仙兩無阻。雲軿白日降遙空〔4〕，天衣飄飄袖輕舉。方諸宮深雲海闊〔5〕，金碧禪房隔煙雨。與君粗有香火緣，聊復東來相勞苦。方遊昆閬還無期〔6〕，君住世間須善為。塵勞足厭不須厭〔7〕，等是實相夫何疑。前身自是塵外人，端為世緣麼此身。重聞妙語發深省，若更離塵佛亦塵。方平羽節何時來〔8〕，道宮佛廟隨煙埃。未須苦說揚塵事，東海波聲正似雷。〔9〕

〔校注〕

〔1〕蕙帳：帳的美稱。南朝齊孔稚珪《北山移文》：「蕙帳空兮夜鵠怨，山人去兮曉
　　　猨驚。」

〔2〕陪軟，原校：別本作「款陪」。　　　勝士：佛教語。對持戒者的尊稱。

〔3〕虛，原校：別本作「靈」。

〔4〕雲軿（pēng）：神仙所乘之車。以雲為之，故云。南朝梁沈約《赤松澗》詩：
　　　「神丹在茲化，雲軿於此陟。」

〔5〕方諸：傳說中仙人住所。南朝梁陶弘景《真誥·協昌期一》：「方諸正四方，故
　　　謂之方諸，一面長一千三百里，四面合五千二百里，上高九千丈。」「方諸東
　　　西面又各有小方諸，去大方諸三千里，小方諸亦方面各三百里，周回一千二百
　　　里，亦各別有青君宮室，又特多中仙人及靈鳥靈獸輩。」

〔6〕昆閬（láng）：指崑崙山上的閬苑，傳說中神仙所居之地。南朝宋鮑照《舞鶴賦》：「指蓬壺而翻翰，望昆閬以揚音。」唐谷神子《博異志・陰隱客》：「修行七十萬日，然後得至諸天，或玉京、蓬萊、昆閬、姑射。」

〔7〕不須，原校：別本作「何足」。　　塵勞：佛教徒謂世俗事務的煩惱。《無量壽經》卷上：「散諸塵勞，壞諸欲塹。」

〔8〕方平：傳說中漢桓帝時神仙王遠的字。明徐復祚《紅梨記・詠梨》：「小姐今日下臨，就如上元之降封涉，麻姑之過方平。」羽節：用羽旄裝飾的節。多指神仙儀衛。唐王維《金屑泉》詩：「翠鳳翔文蜿，羽節朝玉帝。」唐韋渠牟《步虛詞》之五：「羽節忽排煙，蘇君已得仙。」

〔9〕原案：吳宏《獨醒雜志》云：劉尚書美中嘗夢與方士談禪，既寤，頗異其事，遂紀以詩，詩中皆其問答之語。即此篇也。附識於此。

和丁濟明戲蕭濟夫

其一

生世纔如石火光〔1〕，應憐不早見盧郎〔2〕。碧蟾自合來棲月，黃耳何緣得上床〔3〕。但使知音同卓氏〔4〕，何妨服猛似梁鴦〔5〕。觀音妙相誰能測，暫化身為無厭王。〔6〕

〔校注〕

〔1〕生世：一生一世；一輩子。宋周邦彥《玉團兒》詞：「賴得相逢，若還虛過，生世不足。」石火光：表示光陰之迅速，一眨眼就要過去。

〔2〕盧郎：傳說唐時有盧家子弟，為校書郎時年已老，因晚娶而遭妻怨。宋錢易《南部新書》丁：「盧家有子弟，年已暮猶為校書郎，晚娶崔氏女，崔有詞翰，結褵之後，微有慊色。盧因請詩以述懷為戲。崔立成詩曰：『不怨盧郎年紀大，不怨盧郎官職卑，自恨妾身生較晚，不見盧郎年少時。』」後用為典故。

〔3〕黃耳：狗的別名。晉崔豹《古今注・鳥獸》：「狗一名黃耳。」

〔4〕卓氏：指卓文君。

〔5〕服猛：謂降服兇猛之敵。《禮記・郊特牲》：「虎豹之皮，示服猛也。」梁鴦：周宣王時馴養鳥獸的能手。《列子・黃帝》：「周宣王之牧正，有役人梁鴦者，能養野禽獸，委食於園庭之內，雖虎狼鵰鶚之類，無不柔馴者。」

〔6〕自注：《華嚴》十行中菩薩，欲治世間多不善行，故示威嚴，自化其身作無厭
　　　足王，使見者恐怖，懼而不犯。信臣云：濟夫目孺人為觀音。而潛明末句有「從
　　　前譫浪今收拾，盡聽人呼張大王」之語，此必有所聞也，但取梁鴛服猛、菩薩
　　　化身之事以釋之。

其二

　　庾婦休誇意智強〔1〕，卻因詐魘喚江郎〔2〕。自從呼婢曾開口，不復
連宵只對床。春晚燕狂捎蛺蝶，汀閒沙暖睡鴛鴦〔3〕。鳳棲已協和鳴兆，
誰記東家人姓王。〔4〕

〔校注〕

〔1〕庾婦：東晉時期重臣、名士諸葛恢大女兒，庾會的妻子諸葛文彪。庾會死後曾
　　　發誓不再嫁人。但其父用欺騙的手段讓其再嫁與江彪，江彪用詐魘的方式贏得
　　　了諸葛氏的愛情。

〔2〕魘（yǎn）：做惡夢。江郎：即江彪，字思玄。在庾會死後求娶其妻庾氏。《世
　　　說新語・假譎》：諸葛令女，庾氏婦，既寡，誓云不復重出。此女性甚正強，
　　　無有登車理。恢既許江思玄婚，乃移家近之。初誑女云：「宜徙於是。」家人
　　　一時去，獨留女在後。比其覺，已不復得出。江郎暮來，女哭詈彌甚，積日漸
　　　歇。江彪瞑入宿，恒在對床上。後觀其意轉帖，彪乃詐魘，良久不悟，聲氣轉
　　　急。女乃呼婢云：「喚江郎覺！」江於是躍來就之，曰：「我自是天下男子，魘
　　　何預卿事而見喚邪？既爾相關，不得不與人語。」女默然而慚，情義遂篤。

〔3〕此聯化用杜甫絕句「泥融飛燕子，沙暖睡鴛鴦」句意。

〔4〕自注：古詩悔不嫁與東家王，謂王昌也。信臣有三宵別床之句，聞今已不然，
　　　故此篇為一洗也。

卷　五

王 洋

王洋（1087～1154），字元勃（渤），自號王南池。原籍山東東牟（今山東蓬萊），後遷居山陽（江蘇淮安）。徽宗宣和六年（1124）進士。高宗紹興元年（1131），除秘書省正字。歷校書郎、吏部員外郎、起居舍人，罷。歷典三郡。晚守鄱陽。紹興二十三年，以直徽猷閣主管台州崇道觀，卒。有《東牟集》傳世。今錄戲謔詩43首。

舟宿南尉岸下夜夕不寐思丁老小山戲成長韻

積少自成多，一元陶萬類〔1〕。破大可作小，壺中有天地〔2〕。果謂真無窮，百慮同一致〔3〕。若曰一毫芒〔4〕，萬里鵬垂翅〔5〕。變化無定形，古今俱幻事。老丁習真觀，幻事亦不棄。輸財買幻人〔6〕，放意窮幻智。發屋仰偷天，鑿泉下汲綆〔7〕。慌惚幻峰巒〔8〕，共疑無足至。妻兒固俱賢，未免慮憔悴。拒諫設科條〔9〕，縱語終莫遂。相顧色慘怛，但未垂怨淚。老丁恐敗事，往往陽怒恚〔10〕。共知無奈何，奇計亦多秘。託言有鬼神，疾病果作祟。要盟質諸天〔11〕，庶得捐驚悸。老丁如不聞，嬉笑無畏忌。起語家人言〔12〕，常數不可避〔13〕。吾老嗜奔湍，且可幻吾戲。戰敗豈吾過，時有利不利。子無徒面從〔14〕，背我乃竊議。我意終不移，畢命乃殊嗜〔15〕。吾聞利有幅，盈舒如在器。老丁自治產，費金亦其意。得侯既自我，失侯亦何愧。萬事懷中寬，目前同一醉。更須稍進功，有為俱有累。一靜勝百為，壯士屈伸臂。

〔校注〕

〔1〕一元：指宇宙的開始和人在未出生前的混沌狀態，也謂世運時會之數。漢董仲舒《春秋繁露・玉英》：「謂一元者，大始也。」《漢書・董仲舒傳》：「《春秋》謂一元之意，一者萬物之所從始也，元者辭之所謂大也。謂一為元者，視大始而欲正本也。」萬類：萬物。

〔2〕壺中：指仙道生活，或指隱居。《後漢書・費長房傳》：（費長房）「汝南人也。曾為市掾。市中有老翁賣藥，懸一壺於肆頭。及市罷，輒跳入壺中。市人莫之見，唯長房於樓上睹之，……長房旦日復詣翁，翁乃與俱入壺中。唯見玉堂華麗，旨酒甘肴盈衍其中，共飲畢而出。」韋莊《贈峨嵋山彈琴李處士》詩：「壺中醉臥日月明，世上長遊天地窄。」

〔3〕百慮：各種思慮；許多想法。《易・繫辭下》：「天下同歸而殊塗，一致而百慮。」南朝梁劉勰《文心雕龍・論說》：「乃百慮之筌蹄，萬事之權衡也。」

〔4〕毫芒：比喻極細微。漢班固《答賓戲》：「獨攄意乎宇宙之外，銳思於毫芒之內。」《後漢書・方術傳下・郭玉》：「醫之為言意也。腠理至微，隨氣用巧，針石之間，毫芒即乖。」

〔5〕垂翅：喻指失敗或失意的情態。《後漢書》卷十七《馮異傳》：「璽書勞異曰：『……始雖垂翅回溪，終能奮翼澠池，可謂失之東隅，收之桑榆。』」漢光武帝劉秀曾以「垂翅」喻指馮異與赤眉作戰失利。

〔6〕幻人：古稱魔術藝人。犛軒（屬羅馬帝國的亞歷山大）以魔術著稱，由西向東傳播，漢時曾有幻人來中國表演。也稱作眩人、幻師、幻士、化人。《後漢書・西南夷傳・哀牢》：「永寧元年，撣國王雍由調復遣使者詣闕朝賀，獻樂及幻人，能變化吐火，自支解，易牛馬頭。」

〔7〕汲：（從井、泉、河裏）引水或取水；從低處往高處打水。《五蠹》：「夫山居而谷汲者，膢臘而相遺以水。」繸（sui）：古代貫穿佩玉的帶子。《爾雅・釋器》：緄，繸也。郭璞注：「即佩玉之組，所以連繫瑞玉者。」

〔8〕慌惚：模糊不明貌。《禮記・祭義》：「於是諭其志意，以其慌惚以與神明交，庶或饗之。」

〔9〕科條：法令，條例。《戰國策・秦策》：「科條既備，民多偽態。」《晉書、刑法志》：「漢興以來，三百二年，憲令稍增，科條無限。」

〔10〕陽：裝作；假裝。《記王忠肅公翱事》：「皆陽應曰：『諾』。」怒恚（huì）：憤怒。
《漢書・外戚傳上・孝宣霍皇后》：「顯怒恚不食，歐血。」《淮南子・主術訓》：
「供其嗜欲，適其饑飽，違其怒恚。」

〔11〕諸天：指神界的眾神位。後泛指天界；天空。唐谷神子《博異志・陰隱客》：
「修行七十萬日，然後得至諸天，或玉京、蓬萊、昆閬、姑射。」

〔12〕起語：出語；開口講話。

〔13〕常數：一定之數或通常之數。《三國志・魏志・管輅傳》：「天有常數，不可得
諱，但人不知耳。」

〔14〕面從：謂當面順從。《書・益稷》：「予違汝弼，汝無面從，退有後言。」《後漢
書・朱暉傳》：「俗吏苟合，阿意面從。」

〔15〕畢命：盡忠效命。《晉書・姚泓載記論》：「敦友弟以睦其親，明賞罰以臨其下，
英髦盡節，爪牙畢命。」

鄭丈灼灸戲成

丈人國元龜〔1〕，千古秘清廟〔2〕。側聞扈聖初，彤庭獻喜兆〔3〕。
從此氛霧開〔4〕，屢錫休瑞報〔5〕。珪璋厭紛華〔6〕，江湖樂豐好。一冠
脫孟勞〔7〕，十年泛靈沼〔8〕。近聞出清江，仗節觸烝罩〔9〕。漁者有豫
且〔10〕，橫樑截隈奧〔11〕。如何抱神智，失腳困泥淖。倉皇見夢祈，修
門極悲叫〔12〕。檟藏得玄夫〔13〕，光價逾納郜〔14〕。再拜爭乞靈〔15〕，灼
鐵具熱燋〔16〕。火攻固下策，奈此集眾噪。低頭謝群工，脫身圖後效。
此戲亦太虐，臍腹困然膏〔17〕。切勿再三瀆〔18〕，瀆亦不汝告。捨爾觀
朵頤〔19〕，從吾襲高蹈〔20〕。

〔校注〕

〔1〕元龜：大龜。古代用於占卜。《書・金縢》：「今我即命於元龜。」孔傳：「就
受三王之命於大龜，卜知吉凶。」《史記・龜策列傳》：「紂為暴虐，而元龜不
占。」

〔2〕清廟：即太廟。古代帝王的宗廟。《詩・周頌・清廟》：「於穆清廟，肅雝顯相。」
《左傳・桓公二年》：「是以清廟茅屋……昭其儉也。」《文選・司馬相如〈上
林賦〉》：「登明堂，坐清廟。」郭璞注：「清廟，太廟也。」

〔3〕彤庭：泛指皇宮。唐杜甫《自京赴奉先縣詠懷五百字》詩：「彤庭所分帛，本
自寒女出。」宋蘇軾《次韻答滿思復》：「自甘茅屋老三間，豈意彤廷綴兩班。」

〔４〕氛霧：比喻世道混亂或戰亂。漢劉向《九歎・惜賢》：「俟時風之清激兮，愈氛霧其如塵。」南朝梁江淹《雜體詩・效劉琨〈傷亂〉》：「晉遘陽九，天下橫氛霧。」

〔５〕休：吉祥；喜慶。《唐雎不辱使命》：「休祲降於天。」

〔６〕珪璋：比喻高尚的品德。語本《詩・大雅・卷阿》：「顒顒卬卬，如圭如璋。」鄭玄箋：「王有賢臣，與之以禮義相切瑳，體貌則顒顒然敬順，志氣則卬卬然高朗，如玉之圭璋也。」晉陶潛《贈長沙公》詩：「諧氣冬暄，映懷圭璋。」陶澍注：「懷有圭璋之潔。」

〔７〕孟勞：寶刀名。亦泛指寶刀。《穀梁傳・僖公元年》：「孟勞者，魯之寶刀也。」晉葛洪《抱朴子・博喻》：「沉閭、孟勞，須楚砥以斂鋒。」

〔８〕靈沼：《詩・大雅・靈臺》：「王在靈沼，於牣魚躍。」毛傳：「靈沼，言靈道行於沼也。」後喻指帝王的恩澤所及之處。晉潘尼《贈侍御史王元貺》詩：「游鱗萃靈沼，撫翼希天階。」

〔９〕仗節：堅守節操。《後漢書・吳漢傳》：「賊眾雖多，非有仗節死誼者也。」清王士禎《池北偶談・談獻三・馬文肅家書》：「慷慨仗節易，從容就義難。吾輩將為其難乎？抑為其易乎？」烝罩：《詩・小雅・南有嘉魚》：「南有嘉魚，烝然罩罩。君子有酒，嘉賓式燕以樂。」後以「烝罩」為安居樂業之典。

〔１０〕豫且：春秋時宋國漁人。漢劉向《說苑・正諫》：「昔白龍下清泠之淵，化為魚，漁者豫且射中其目。白龍上訴天帝……天帝曰：『魚固人之所射也，若是，豫且何罪？』」漢張衡《東京賦》：「白龍魚服，見困豫且。」後用為詠魚之典。李白《枯魚過河泣》：「白龍改常服，偶被豫且制。」

〔１１〕隈（wēi）奧：曲折的山岩轉彎處。《管子・形勢》：「大山之隈。」奧：室內西南角，古人設神主或尊長居坐的地方。《後漢書・周盤傳》：「與我講於陰堂之奧。」

〔１２〕修門：楚國郢都的城門。《楚辭・招魂》：「魂兮歸來！入修門些。」王逸注：「修門，郢城門也。」後泛指京都城門。宋陸游《出都》詩：「重入修門甫歲餘，又攜琴劍返江湖。」

〔１３〕櫝藏：《論語・子罕》：「子貢曰：『有美玉於斯，韞櫝而藏諸？求善賈而沽諸？』子曰：『沽之哉！沽之哉！我待賈者也。』」後因以「櫝藏」比喻懷才。宋蘇軾《生日王郎以詩見慶次其韻》：「但信櫝藏終自售，豈知劍脫本無櫎。」玄夫：指龜。唐韓愈《孟東野失子》詩：「東野夜得夢，有夫玄衣巾……再拜謝玄夫，

收悲以歡忻。」王伯大音釋引孫汝聽曰：「玄夫，大靈龜，以其巾衣玄，故曰玄夫。」宋蘇軾《書艾宣畫·蓮龜》：「只應翡翠蘭苕上，獨見玄夫曝日時。」

〔14〕光價：顯揚其身階。《北史·序傳·李仲儁》：「凡所交遊，皆一時名士。汲引後生，為其光價。」唐孔穎達《〈毛詩正義〉序》：「漢氏之初，《詩》分為四，申公騰芳於鄢郢，毛氏光價於河閒。」納郜：即「廟鼎納郜」之典。《春秋·桓公二年》：「取郜大鼎於宋。戊申，納於太廟。」晉杜預注：「宋以鼎賂公。太廟，周公廟也。」郜鼎是春秋時代名鼎，為郜國製造，宋國用它賄賂魯桓公，桓公置放於太廟。韓愈《薦士》：「魯侯國至小，廟鼎猶納郜。」

〔15〕乞靈：求助於神靈或某種權威。《左傳·哀公二十四年》：「寡君欲徼福於周公，願乞靈於臧氏。」杜預注：「以臧氏世勝齊，故欲乞其威靈。」宋陸游《出遊》詩：「拔山意氣今何在，猶有遺祠可乞靈。」

〔16〕燋（jiāo）：古同「焦」。物體經火燒或高熱烘烤後變得枯黃或成炭樣。

〔17〕然膏：猶焚膏。燒油脂。宋范成大《冬日田園雜興》詩之四：「松節然膏當燭籠，凝煙如墨暗房櫳。」

〔18〕三瀆：指長江、黃河、淮河合流。

〔19〕朵頤：喻嚮往，羨饞。唐陳子昂《唐故朝議大夫梓州長史楊府君碑》：「於是觀寶龜之象，心滅朵頤；探金虎之爻，志存幽履，遂去家遁於嵩山。」

〔20〕高蹈：指隱居。三國魏鍾會《檄蜀文》：「誠能深鑒成敗，邈然高蹈，投跡微子之蹤，措身陳平之軌，則福同古人，慶流來裔，百姓士民，安堵樂業。」《梁書·止足傳序》：「雖禍敗危亡，陳乎耳目，而輕舉高蹈，寡乎前史。」

子楚煮雪水瀹團茶乃舉陶翰林語以詩見戲不敢不酬

平生何居士〔1〕，一壑清江濆〔2〕。達觀真大士〔3〕，獨往乃聲聞〔4〕。我亦策蹇步〔5〕，不甘子絕群。追逐到滅景〔6〕，回視嗟紛紜。今朝玉府開〔7〕，群仙剪瑤裙。迷空散天花〔8〕，萬疊屯寒雲。賞心會兩遂，百憂銷一焚。雙鳳已鳴似，神椎抗孤軍。更看陰沴盡〔9〕，高簷掛晴曛〔10〕。

〔校注〕

〔1〕何居士：何子楚，何薳（1077～1145），字子楚，晚號韓青老農，浦城（今屬福建）人，何去非子。家貧，不求仕進。紹興十五年卒，年六十九。其父為徐州學官時，薳得從陳師道學，又誦習蘇軾文，故學有本源。著有《春渚紀聞》十卷，記述所見聞、詩詞本事、東坡事實、文房墨研、丹藥等內容。

〔2〕濆（fén）：水邊；河旁高地。《詩經‧大雅‧常武》：「鋪敦淮濆，仍執醜虜。」

〔3〕大士：德行高尚的人。《管子‧法法》：「凡論人有要，矜物之人，無大士焉。」尹知章注：「大士不矜，謙以接物。」

〔4〕聲聞：亦作「聲問」。名聲。《荀子‧大略》：「德至者色澤洽，行盡而聲問遠。」《三國志‧蜀志‧許靖傳》「南陽宋仲子於荊州與蜀郡太守王商書」裴松之注引晉陳壽《益州耆舊傳》：「商字文表，廣漢人，以才學稱，聲問著於州里。」

〔5〕蹇步：謂步履艱難。南朝宋謝瞻《張子房》詩：「四達雖平直，蹇步愧無良。」

〔6〕滅景：隱蔽形影。謂隱居。景，同「影」。晉陸雲《榮啟期贊》：「常被裘帶索，行吟於路，曰：『吾著裘者何求，帶索者何索？』遂放志一邱，滅景林藪。」

〔7〕玉府：指道觀、仙府、仙宮。唐武平一《奉和幸白鹿觀應制》詩：「玉府凌三曜，金壇駐六龍。」

〔8〕天花：指雪。唐熊孺登《雪中答僧書》詩：「八行銀字非常草，六出天花盡是梅。」

〔9〕陰沴（lì）：指天地四時陰氣不和而產生的災害。唐元稹《苦雨》詩：「陰沴皆電掃，幽妖亦雷驅。」《舊唐書‧文宗紀下》：「天或警予，示此陰沴，撫躬夕惕，予甚悼焉。」

〔10〕晴曛：亦作「晴薰」。日光照射。唐杜甫《宣政殿退朝晚出左掖》詩：「天門日射黃金牓，春殿晴曛赤羽旗。」

昨日往候伯源承軒，蓋未還第。見兩夫守舍，面目嚴冷，有羽林貔貅勢。一僕候門，遇故客，乃加禮，振聲折腰，應對響答，若騁駿足而未果者。因問：「主翁何在？日晏何尚未歸，僕從如汝輩凡幾人？」三人者齊聲答曰：「主人旦暮出入結駟，榮盛奔走，執事畢具，間枉車騎，過客它舍。群騶之外，尚餘三人，我輩是也。見其庭戶森然，黃簾綠幕，朱戶扃固。此三人者，特外隸耳。而勢已如此，使僕誤入帷帳深處，又當何如。僕時病起，與羸夫為三，既不得見，因招籃舁將還。三人者自後指而笑之，意誚客太無堪態，主人真可誇也，俛首興嗟，不能自已，因成小詩，且於卒章自見其志，並發一笑。

洞中仙子丹藥成，鬼神妬嫉喘且驚。龍門虎踞工守視〔1〕，始知異類窺仙靈。先生本是玉京客〔2〕，藍橋邂逅邀雲英〔3〕。是宜收藏此丹鼎，貔貅呵禁門長扃〔4〕。亦如猛虎守厲禁〔5〕，千山不許一鳥鳴。主人日食

大尉府，都騎自合連輜軿〔6〕。只嫌底事苦未足，要有蘭玉羅階庭〔7〕。行人過者莫回面，牆東鞦韆不可見。我有丹砂不似君，待與葛洪評貴賤〔8〕。

〔校注〕

〔1〕虎踞：喻指地形的雄壯險要。《太平御覽》卷一五六引晉張勃《吳錄》：「劉備曾使諸葛亮至京，因觀秣陵山阜，乃歎曰：『鍾山龍蟠，石頭虎踞，帝王之宅也。』」唐李白《金陵歌送別范宣》：「石頭巉岩如虎踞，凌波欲過滄江去。」

〔2〕玉京：泛指仙都。宋陸游《七月一日夜坐舍北水涯戲作》詩：「斥仙豈復塵中戀，便擬騎鯨返玉京。」

〔3〕藍橋：指情人相遇之處。相傳唐代秀才裴航與仙女雲英曾相會於此橋。雲英：唐代神話故事中的仙女名。傳說裴航過藍橋驛，以玉杵臼為聘禮，娶雲英為妻。後夫婦俱入玉峰成仙。事見唐裴鉶《傳奇·裴航》。詩文中常用此典，借指佳偶。宋蘇軾《南歌子·寓意》詞：「藍橋何處覓雲英。只有多情流水、伴人行。」

〔4〕貔貅（pí xiū）：亦作「豼貅」。古籍中的兩種猛獸。《逸周書·周祝》：「山之深也，虎豹貔貅何為可服？」《史記·五帝本紀》：「（軒轅）教熊羆貔貅貙虎，以與炎帝戰於阪泉之野。」司馬貞索隱：「此六者猛獸，可以教戰。」徐珂《清稗類鈔·動物·貔貅》：「貔貅，形似虎，或曰似熊，毛色灰白，遼東人謂之白熊。雄者曰貔，雌者曰貅，故古人多連舉之。」

〔5〕厲禁：遮擋，禁止。謂設衛警戒，限制出入。《周禮·秋官·司隸》：「執其邦之兵，守王宮與野舍之厲禁。」鄭玄注：「厲，遮例也。」清阮元《周禮校勘記》：「遮例即遮迾也。《說文》曰：迾，遮也。」

〔6〕輜軿（zī píng）：輜車和軿車的並稱。後泛指有屏蔽的車子。《漢書·張敞傳》：「禮，君母出門則乘輜軿。」顏師古注：「輜軿，衣車也。」《資治通鑑·晉孝武帝太元十一年》：「秦主登立世祖神主於軍中，載以輜軿，建黃旗青蓋，以虎賁三百人衛之，凡所欲為，必啟主而後行。」胡三省注：「車四面有屏蔽者曰輜軿。」

〔7〕蘭玉：《藝文類聚》卷八一引《語林》載，東晉謝安問家中諸位子姪：「為什麼身為父母的人都盼望自家子弟品學兼優、出類拔萃呢？」子姪中無人回答，車騎將軍謝玄答道：「這就像芝蘭玉樹，人們都希望它能生長在自家的庭院中。」形容子弟才能卓越，出人頭地。宋曾鞏《庭檜呈蔣穎叔》：「漢節從來縱真賞，謝庭蘭玉載芳音。」

〔8〕葛洪：東晉道家、醫學家、煉丹術家。字稚川，自號抱朴子，丹陽句容（今屬
　　江蘇）人。自幼好神仙導養之法。先後從鄭隱、鮑玄學煉丹術和道術。後聞交
　　趾出丹砂，求為勾漏令。攜子姪至廣州，止於羅浮山煉丹。著有《抱朴子》《金
　　匱藥方》《神仙傳》《西京雜記》等。

寶覺師畫少陵像用筆甚簡伯氏稱賞之因戲為長言寫之〔1〕

　　破帽麻鞋肩傴僂，回頭意若呼宗武〔2〕。行歌又似出關時，飯顆山前
日當午〔3〕。公如冰玉天賦成，玉為溫潤冰為清。廟中朱弦堂上曲，一
唱三歎知遺聲。平生但飽主人飯，身後空傳世上名。蕭條冷炙殘杯氣，
寂寞千秋萬古情。吳僧筆端龍幻化〔4〕，幻出前賢世無價。可憐見畫未
見詩，更合愛詩方愛畫。

〔校注〕

〔1〕寶覺師：龍游寺長老。王洋尚有《伯氏自儀真招寶覺師住持以詩促行》詩。沈
　　遼於熙寧五年（1072）二月八日，應龍游寺長老之請，作有《龍游寺宴堂記》。
　　少陵：指唐詩人杜甫。杜甫常以「杜陵」表示其祖籍郡望，自號少陵野老，世
　　稱杜少陵。

〔2〕宗武：杜甫次子。

〔3〕飯顆山：傳是唐代長安附近的一座山。唐孟棨《本事詩·高逸》：「白才逸氣高，
　　與陳拾遺齊名……嘗言：『興寄深微，五言不如四言，七言又其靡也，況使束
　　於聲調俳優哉！』故戲杜曰：『飯顆山頭逢杜甫，頭戴笠子日卓午。借問何來
　　太瘦生，總為從前作詩苦。』蓋譏其拘束也。」後遂用作表示詩作刻板平庸或
　　詩人拘守格律或刻苦寫作的典故。宋黃庭堅《次韻吉老十小詩》之十：「學似
　　斲輪扁，詩如飯顆山，室中餘一劍，無氣斗牛間。」

〔4〕吳僧：指張僧繇，吳（蘇州）人。唐張彥遠《歷代名畫記·張僧繇》：「武帝崇
　　飾佛寺，多命僧繇畫之……金陵安樂寺四白龍不點眼睛，每云：『點睛即飛去。』
　　人以為妄誕，固請點之。須臾，雷電破壁，兩龍乘雲騰去上天，二龍未點眼者
　　見在。」

季文作真率會，遇大雪寒甚，主人之居，狹不容散步為嫌，作數語為解〔1〕

一風一雨天醞雪，溪上行人手吹裂。主人掃巷作光華〔2〕，滿注金罍喚賓客。酒酣耳熱膽量寬，容我口開非偪仄〔3〕。天寒促膝政相宜，共道興來連舉白〔4〕。人心好客天亦知，平時思雪不可期。寒消內熱沃肺渴，瑤花滿眼真瑰奇〔5〕。一尺呈豐有成驗，三白譴厲征前為〔6〕。不辭秉燭達曙光，別思共醉今何辭。此身對酒願長健，明年花發春遲遲。

〔校注〕

〔1〕季文：凌季文。凌景夏，字季文，餘杭人。紹興二年對策第二，呂頤浩稱其詞勝張九成，任紹興府觀察推官。六年，擢秘書省正字。八年，遷著作佐郎。九年，景夏與館職，胡珵、朱松、張廣、常明、范如圭等六人共奏封事，言和議非便。秦檜憾之，除工部員外郎。檜罷兵，斥景夏知外郡及閒居凡十餘年。二十六年，除軍器監，尋除起居舍人兼權給事中……遷中書舍人，未幾直龍圖閣，知撫州。二十八年，知襄陽府。二十九年，知鼎州。三十年，加集英殿修撰。三十一年，除吏部侍郎。生平參《（咸淳）臨安志》卷六十八。

〔2〕光華：光輝照耀；閃耀。《尚書大傳》卷一下：「日月光華，旦復旦兮。」南朝齊謝朓《齊敬皇后哀策》：「光華沼沚，榮曜中谷。」

〔3〕偪（bī）仄：窘迫。

〔4〕舉白：泛指飲酒或進酒。唐韓偓《秋深閒興》詩：「把釣覆棋兼舉白，不離名教可顛狂。」宋王禹偁《送密直溫學士西京遷葬》詩：「留守開筵親舉白，故人垂淚看焚黃。」

〔5〕瑤花：亦作「瑤華」。喻指霜、雪。唐張九齡《立春日晨起對積雪》詩：「忽對林亭雪，瑤華處處開。」

〔6〕三白：指三白酒。明謝肇淛《五雜俎·物部三》：「江南之三白，不脛而走半九州矣，然吳興造者，勝於金昌。」

鄭吏部設川饌招客戲成長言呈諸丈

茫茫四海天宇高，九州列貢分地毛〔1〕。江黃之區橘柚國，細腰宮衣無吳庖〔2〕。□□不得供刀匕，況走川珍白岷水。鄭翁幻戲不作難，縮地分甘五千里。老人種蔬薑滿畦，買薑留錢人不知。丁寧使者市蜀錦，恍惚異味來如期〔3〕。乃知此事古亦有，鄭老此戲誠瑰奇。搗珍脮臠投

巨鼎〔4〕，繚肝末肺分全犧。南方搖落青未已，梅蘂垂垂照青泚〔5〕。雪消冰盡飽陽和，更待春風轉沙尾〔6〕。穠華只說錦官城〔7〕，匝地燒燈夜初起〔8〕。從翁已幸不齎糧〔9〕，期向城都看藥市〔10〕。

〔校注〕

〔1〕地毛：指地面上生長的莊稼、樹木等。

〔2〕吳庖：吳人善烹調，故以指精美的肴饌。

〔3〕異味：異常的美味。《左傳・宣公四年》：「子公之食指動，以示子家曰：『他日我如此，必嘗異味。』」

〔4〕擣珍：取牛羊等脊側之肉捶擣精製成珍味。《禮記・內則》：「擣珍：取牛羊麋鹿麕之肉，必脄。每物與牛若一，捶反側之。」臠（luán）：切成小塊的肉。《莊子・至樂》：「不敢食一臠。」

〔5〕泚（cǐ）：清澈、鮮明貌。謝朓《始出尚書省》詩：「寒流自清泚。」《詩經・邶風・新臺》：「新臺有泚。」

〔6〕沙尾：灘尾，沙灘的邊緣。唐杜甫《春水》詩：「三月桃花浪，江流復舊痕。朝來沒沙尾，碧色動柴門。」

〔7〕穠（nóng）華：指女子青春美貌。語本《詩・召南・何彼襛矣》：「何彼襛矣，唐棣之華。」鄭玄箋：「何乎彼戎戎者，乃移之華。興者，喻王姬顏色之美盛。」錦官城：城名。故址在今四川成都。成都舊有大城、少城。少城古為掌織錦官員之官署，因稱「錦官城」。晉常璩《華陽國志・蜀志》：「其道西城，故錦官也。」《初學記》卷二七引晉任豫《益州記》：「錦城在益州南笮橋東流江南岸，蜀時故錦官也。」

〔8〕匝地：遍地。唐王勃《還冀州別洛下知己序》：「風煙匝地，車馬如龍。」 燒燈：點燈。唐王建《宮詞》之八九：「院院燒燈如白日，沉香火底坐吹笙。」

〔9〕齎（jī）糧：即「齎盜糧」。送糧食給盜賊。比喻做危害自己的蠢事。《荀子・大略》：「非其人而教之，齎盜糧，借賊兵也。」《史記・范雎蔡澤列傳》：「故齊所以大破者，以其伐楚而肥韓魏也。此所謂借賊兵而齎盜糧者也。」司馬貞索隱：「言為盜齎糧也。」

〔10〕城，疑當作「成」。

聞何為孫作內集以長言戲之

　　門前春田澍膏雨〔1〕，門內春風動歌舞。瑑為璋玉男子祥〔2〕，起作繡鞋女兒舞。阿翁吹簫兒獻旅，粉面嬌孫侍家主。一門歡笑足戲樂，盛事流傳百年語。村歌社曲莫插手，定本風流教坊譜〔3〕。一家有喜百家同，況是相逢淪落中。犀錢玉果大開說〔4〕，已愧湯餅沾無功。

〔校注〕

〔1〕澍（shù）：潤澤。《淮南子‧泰族》：「若春雨之灌萬物也……無地而不澍。」膏雨：滋潤作物的霖雨。《左傳‧襄公十九年》：「小國之仰大國也，如百穀之仰膏雨焉。」《漢書‧賈山傳》：「是以元年膏雨降，五穀登。」

〔2〕瑑（zhuàn）：玉器上雕刻的凸起的花紋：「瑑圭璋八寸。」

〔3〕定本：著作經過編排、整理，最後確定或準備刊印的本子。《魏書‧孫惠蔚傳》：「臣今依前丞臣盧昶所撰《甲乙新錄》，欲裨殘補闕，損並有無，校鍊句讀，以為定本。」風流：風行；流傳。南朝梁劉勰《文心雕龍‧詔策》：「自斯以後，體憲風流矣。」教坊：古時管理宮廷音樂的官署。

〔4〕犀錢：洗兒錢。宋蘇軾《減字木蘭花》詞：「維熊佳夢，釋氏、老君親抱送……犀錢玉果，利市平分沾四坐。」自注：「過吳興，李公擇生子，三日會客，作此詞戲之。」玉果：形如果的美石。《穆天子傳》卷一：「天子之珤：玉果、璇珠、燭銀、黃金之膏。」郭璞注：「石似美玉，所謂如果者也。」

周秀實書云裴奇卿好茶得病鍾熙仲酖醉任真西林老逢場作戲同倚花下一時信筆作詩為戲〔1〕

　　閒來得病緋衣客〔2〕，著酒當茶桑苧翁〔3〕。誰知十室有二士，復得周叟同從容。叟今行年餘七十，七歲詩成鬼神泣。即今吻合主盟壇，籍湜驚奔汗流急〔4〕。兩君置陣亦嚴整，未許行人私越境。有時爭利逐輜車〔5〕，掉鞅安行發機窄〔6〕。戰者方酣見者真，走書取證石壁人〔7〕。石壁老人方睡起，岩前一笑桃花春。遲君待我同徙倚，共催短棹東風裏。

〔校注〕

〔1〕周秀實：即周苴，字秀實，錢塘人。著名詞人周邦彥弟邦式之子，紹興三年通判吉州。與王庭珪、周紫芝等有交遊唱和。潛說友《咸淳臨安志》卷六十六：「周邦式字伯南，五子苴、蔚、茂。苴知名。」

〔2〕緋衣：古代朝官的紅色品服。《新唐書・薛蘋傳》：「所衣綠袍，更十年至緋衣，乃易。」宋吳曾《能改齋漫錄・記事二》：「未幾，除秘書少監，賜緋衣、銀魚、象笏。」

〔3〕桑苧：謂種植桑樹與苧麻。泛指農桑之事。唐杜牧《唐故江西觀察使武陽公韋公遺愛碑》：「鑿六百陂塘，灌田一萬頃，益勸桑苧機織。」

〔4〕籍湜（shí）：唐代文學家張籍和皇甫湜的並稱。兩人都是韓愈的學生。宋蘇軾《潮州韓文公廟碑》詩：「追逐李杜參翱翔，汗流籍湜走且僵。」

〔5〕輼車：古代有帷蓋的車子。既可載物，又可作臥車。《史記・穰侯列傳》：「穰侯出關，輼車千乘有餘。」《後漢書・桓榮傳》：「即拜佚為太子太傅，而以榮為少傅，賜以輼車、乘馬。」

〔6〕掉鞅：本謂駕戰車入敵營挑戰時，下車整理馬脖子上的皮帶，以示御術高超，從容有餘。後泛指從容駕馭或掌握戰鬥的主動權。語出《左傳・宣公十二年》：「吾聞致師者，左射以菆，代御執轡，御下兩馬，掉鞅而還。」杜預注：「掉，正也；示閑暇。」安行：徐行，緩行。《詩・小雅・何人斯》：「爾之安行，亦不遑舍。」馬瑞辰通釋：「安行對疾行言，即緩行。」《後漢書・崔駰傳》：「繫余馬以安行，俟性命之所存。」李賢注：「安行，不奔馳也。」機穽（jǐng）：比喻險境或坑害人的圈套。宋蘇舜欽《依韻和王景章見寄》：「世間機穽知難避，往者圖書可自箴。」

〔7〕走書：去信；來信。宋葉適《中奉大夫林公墓誌銘》：「朱公元晦既謫，士諱其學，公執弟子禮不變，未歿數月，猶走書問疑義云。」

方何二公回自郡所得不同作詩戲之

南鄰博士只破幃〔1〕，春來數日分春衣。東風陌上催蒙茸〔2〕，不許看花緩緩歸。那知此理未可訴，破費書廚走長路。靜思我咎安致然，杳杳人情無問處。歸來粉黛包亦結，安得衾褥更羅列。嬌兒冬暖不須啼，正恐當寒更無襪。命數從來有奇耦〔3〕，北里士師真好手。一時歡笑父子同，篋載縑緗船載酒〔4〕。歸遺欣欣樂可期，婦運金刀時哺飴〔5〕。先憂後喜尊吉卜〔6〕，釃酒烹魚消百罹〔7〕。世間得失類如此，解使空腸作悲喜。紅白紛紛一種花，試向東風問桃李。

〔校注〕

〔1〕南鄰：古指南方金鄰國。《漢書・揚雄傳上》：「仁聲惠於北狄，武義動於南鄰。」

顏師古注：「南方有金鄰之國，極遠也，故云南鄰。」博士：博通古今的人。
　　《戰國策・趙策三》：「鄭同北見趙王，趙王曰：『子南方之博士也。』」

〔2〕茀（fú）：草多塞路。《國語・周語中》：「道茀不可行也。」

〔3〕奇耦：比喻命運的坎坷與順利。金楊叔玉《枕上》詩：「遭逢有奇耦，才用隨
　　巧拙。」

〔4〕篋（qiè）：小竹箱。《送東陽馬生序》：「當余之從師也，負篋曳屣，行深山巨谷
　　中。」縑緗（jiān xiāng）：指書冊。唐孫過庭《書譜》：「若乃師宜官之高名，
　　徒彰史牒；邯鄲淳之令範，宜著縑緗。」

〔5〕金刀：金和刀。古代貨幣。《漢書・食貨志上》：「貨謂布帛可衣，及金刀龜貝，
　　所以分財布利通有無者也。」顏師古注：「金謂五色之金也……刀謂錢幣也。」

〔6〕吉卜：吉祥的卜兆。《尚書・大誥》：「予得吉卜，予惟以爾庶邦，於伐殷逋播
　　臣。」

〔7〕釃酒：濾酒；斟酒。《詩經・小雅・伐木》：「伐木許許，釃酒有藇。」宋代朱
　　熹《詩集傳》云：「釃酒者，或以筐，或以草，涑之而去其糟也。」百罹：種
　　種不幸的遭遇。《詩・王風・兔爰》：「我生之後，逢此百罹，尚寐無吪。」毛
　　傳：「罹，憂。」

戲鄭曾二老

　　兩編千片白雪繭〔1〕，六百二斗青銅錢。不辭破費十日產，要向几上
追前賢。前賢已死不可慕，世上流傳只佳句。不尋斷簡賞心符，定自前
賢無覓處。鄭翁知我用意誠，云有甲乙分余明。盧仝書到孟郊富〔2〕，
李老被酒張翁醒〔3〕。當時儲館典讎校，今日取送傳芳馨。分多析少每
如此，翁甌百金杯千羹。北鄰老子苦好客，懸簞過午須賓食。昨朝喚客
啖鵝炙〔4〕，十字浮光湯餅滑。須臾碾畔百塵飛，語是奴童破珪璧〔5〕。
此翁香串數百枚，一一啖客當千回。啜香飽炙勘詩譜，但度流年無所苦。

〔校注〕

〔1〕白雪：喻指高雅的詩詞。唐羅隱《秋日有酬》詩：「腰間印佩黃金重，卷裏詩
　　裁白雪高。」

〔2〕盧仝：唐代詩人。號玉川子，范陽（今河北涿州）人。曾隱居少室山。甘露之
　　變時，因留宿宰相王涯家，被捕殺。善用散文句法寫詩，風格奇特險怪。《月
　　蝕》為其代表作。有《玉川子詩集》。

〔3〕被酒：為酒所醉。猶中酒。《史記‧高祖本紀》：「高祖被酒，夜徑澤中，令一人行前。」張守節正義：「被，加也。」《後漢書‧劉寬傳》：「寬嘗於坐被酒睡伏。」李賢注：「為酒所加也。」

〔4〕鵝炙：烤鵝；燒鵝。《南齊書‧劉瓛傳》：「瓛與僚佐飲，自割鵝炙。」

〔5〕圭璧：泛指貴重的玉器。《新唐書‧陳子昂傳贊》：「子昂乃以王者之術勉之，卒為婦人訕侮不用，可謂薦圭璧於房闥，以脂澤污漫之也。」

戲詠酴醿示邑宰

芳洲繞郭溪如練，中有風光共流轉。方今得尹日添長，化作河陽一花縣〔1〕。獨龍注雨澆桑麻，芳菲總不爭紛華。陽州地遠牡丹少〔2〕，酴醿晚作留春花。君家朱樓映池沼，高架瓊瑤覆花島。欲求此花同一卮，試勸春歸無草草。

〔校注〕

〔1〕河陽一花縣：晉潘岳為河陽令，滿縣遍種桃花，人稱「河陽一縣花」。見《白孔六帖》卷七七。後遂以「花縣」為縣治的美稱。

〔2〕陽州：古地名。齊地。在今山東省東平縣北。

吉父賦南池詩，次韻吉父詩，雖云紅蕖在眼，而獨與白鷺關情，蓮上人何望。輒戲呈〔1〕

水府朝元路〔2〕，牙分女隊行。神仙天外事，風月世間情。步有凌波勢〔3〕，廊無響屧聲〔4〕。何妨沉醉後，珠履小縱橫。

〔校注〕

〔1〕吉父（甫）：曾幾（1085～1166），字吉甫，自號茶山居士。南宋詩人。其學識淵博，勤於政事。後人將其列入江西詩派。其詩多屬抒情遣興、唱酬題贈之作，閒雅清淡。五、七言律詩講究對仗自然。氣韻舒暢。

〔2〕水府：神話傳說中水神或龍王所住的地方。晉木華《海賦》：「爾其水府之內，極深之庭，則有崇島巨鼇，垠堮孤亭。」朝元：古代諸侯和臣屬在每年元旦賀見帝王。《樂府詩集‧燕射歌辭‧周朝饗樂章》：「歲迎更始，節及朝元。」

〔3〕凌波：比喻美人步履輕盈，如乘碧波而行。《文選‧曹植〈洛神賦〉》：「凌波微步，羅襪生塵。」呂向注：「步於水波之上，如塵生也。」

〔4〕響屧（xiè）：指女子的步履聲。宋張先《菩薩蠻》詞：「翠幕動風亭，時疑響屧聲。」

和鄭丈戲贈竑父〔1〕

生疏僮僕賤，顏色病妻同。定有明人眼，真煩壽乃翁。仙曹歌法曲〔2〕，詞伯綴秋風〔3〕。不是人間譜，霓裳墮月中。

〔校注〕

〔1〕竑父：即曾竑父，名惇，承相子容四世孫，工文辭，播在樂府，平康皆習歌之。有詞一卷，謝景思為序。

〔2〕仙曹：仙人的行列。前蜀杜光庭《馬尚書本命醮詞》：「善功潛著，則名列仙曹。」法曲：一種古代樂曲。東晉南北朝稱做法樂。因其用於佛教法會而得名。其樂器有鐃鈸、鐘、磬、幢簫、琵琶。唐白居易《江南遇天寶樂叟》詩：「能彈琵琶和法曲，多在華清隨至尊。」

〔3〕詞伯：稱譽擅長文詞的大家，猶詞宗。唐宋之問《傷王七秘書監》詩：「書乃墨場絕，文稱詞伯雄。」

和竑父答鄭丈

鄭圃潛仙客〔1〕，陳留繼阮生〔2〕。掄才俱道用〔3〕，昌譽得詩鳴。未解侯三接〔4〕，先歌玉六成。篇篇多瘦骼，疑似帶銅聲〔5〕。

〔校注〕

〔1〕鄭圃：古地名，鄭之圃田，在今河南省中牟縣西南。相傳為列子所居。《列子·天瑞》：「子列子居鄭圃，四十年人無識者。國君、卿大夫視之，猶眾庶也。」楊伯峻集釋：「鄭之圃田……今河南中牟縣西南之丈八溝及附近諸陂湖，皆其遺蹟。」仙客：對隱者或道士的敬稱。唐崔峒《送侯山人赴會稽》詩：「仙客辭蘿月，東來就一官。」

〔2〕陳留：指陳留八俊。唐格輔元等八人，均為陳留人，以辭學擅名，時號「陳留八俊」。《舊唐書·格輔元傳》：「格輔元者，汴州濬儀人也……與同郡人齊王文學王孝逸、文林郎繁師玄、羅川郡戶曹靖君亮、司隸從事鄭祖咸、宣城縣長鄭師善、王世充、中書舍人李行簡、處士盧協等八人，以辭學擅名，當時號為『陳留八俊』。」阮生：指阮籍。

〔3〕掄才：亦作「掄材」。選拔人才。唐劉禹錫《史公神道碑》：「元和中，太尉愬為魏帥，下令掄才於轅門。」《舊唐書·劉乃傳》：「今夫文部，既始之以掄材，終之以授位。」

〔4〕三接：謂三度接見。語本《易·晉》：「晉，康侯用錫馬蕃庶，晝日三接。」孔穎達疏：「晝日三接者，言非惟蒙賜蕃多，又被親寵頻數，一晝之間，三度接見也。」後多以「三接」為恩寵優獎之典。一說，接讀為捷，「三接」即三捷。高亨注：「接讀為捷，戰勝曰捷。此乃周初故事，康侯出征異國，俘馬甚多，以獻於王。其戰也，一日三勝。」

〔5〕銅聲：敲擊銅而發出的聲響。引申指洪亮的聲音。唐李賀《馬詩》之四：「向前敲瘦骨，猶自帶銅聲。」

冬節日疾作不能親祀事但具禮不拜戲作示內〔1〕

他鄉易感歲時侵，病入衰骸苦不禁〔2〕。臥聽兒孫羞栗脯〔3〕，倦依爐火只愁吟。房無肥腯牲三俎〔4〕，幕有馨香酒數斛。苦與黔婁分等級〔5〕，尚為吾婦莫傷心。

〔校注〕

〔1〕疾作：謂生病。或謂瘧疾發作。《孟子·離婁下》：「子濯孺子曰：『今日我疾作，不可以執弓，吾死矣夫。』」孫奭疏：「今日我瘧疾發作，不可以執弓而敵之，我必死矣。」

〔2〕衰骸：衰老的身體。骸，形體；身體。《蘭亭集序》：「或因寄所託，放浪形骸之外。」《梅花嶺記》：「即如忠烈遺骸，不可問矣。」

〔3〕羞：進獻。《左傳·隱公三年》：「可薦於鬼神，可羞於王公。」

〔4〕肥腯（tún）：牲畜獸類膘肥肉厚。《左傳·桓公六年》：「吾牲牷肥腯，粢盛豐備，何則不信？」漢焦贛《易林·漸之比》：「文山鴻豹，肥腯多脂。」　三俎：指豬、魚、肉脯。《禮記·玉藻》：「朝服以食，特牲三俎。」鄭玄注：「三俎，豕、魚、臘。」

〔5〕黔婁：人名。據漢劉向《列女傳·魯黔婁妻》載，黔婁為春秋魯人。《漢書·藝文志》、晉皇甫謐《高士傳·黔婁先生》則說是齊人。隱士，不肯出仕，家貧，死時衾不蔽體。晉陶潛《詠貧士》之四：「安貧守賤者，自古有黔婁。」後作為貧士的代稱。唐元稹《三遣悲懷》詩：「謝公最小偏憐女，自嫁黔婁百事乖。」

德茂晨起折花，花葉中眼上橫，沖痛楚，因詩戲之〔1〕

幽事相關略未衰，早乘芳露折鮮枝。如何引惹傷殘處，莫是喜歡攀折時。人見花容如苦愛，花隨人意亦相欺。須知恩愛成煩惱，將命拚花欲怨誰。

〔校注〕

〔1〕德茂：即朱德茂。

近聞直學馮子容以家產中丘乘之賦作詩戲之〔1〕

千古茫茫不可攀，仲尼日月照儒關〔2〕。生前冷灶七日火，身後遺基十萬間。寧許富兒通市籍，只求賢士共歡顏。那知等級輸邦計，亦許顏原見一班〔3〕。

〔校注〕

〔1〕直學：學官名。徽宗時置，掌學生學籍，兼治齋僕不盡職者，隸國子監。馮子容：不詳其人。曾幾有《次馮子容主簿信州築居韻》一詩。另宋王明清《揮麈後錄》卷八記馮子容語。

〔2〕儒關：猶言儒學之門。宋黃庭堅《平陰張澄居士隱處·仁亭》詩：「張侯大雅質，結髮闖儒關。」

〔3〕顏原：孔子弟子顏回和原憲的並稱。北齊顏之推《顏氏家訓·止足》：「自喪亂已來，見因託風雲，徼幸富貴，旦執機權，夜填坑谷，朔歡卓鄭，晦泣顏原者，非十人五人也。」

萬席仰之許酒以詩戲之

花色芳菲酒力醲，坐中上客索千鍾。朱陳繾綣論前契〔1〕，子婿牽聯本一宗〔2〕。獨為棋高能假借，眾同酒伴不阿容〔3〕。歸來醉倒終無怨，此會心知不易逢。

〔校注〕

〔1〕自注：伎人姓陳。

〔2〕自注：二何兄弟皆萬婿，同席。

〔3〕阿容：袒護，寬容。《新唐書·班宏傳》：「夫上多虛美，則下趨競；上阿容，則下朋黨。」

中春二十四日集仰止書室，德茂、仰止、何彥亨、彥發、鄧叔度與僕凡六人，至夜格夫自外歸就邀同飲。仰之是日對棋屢敗，德茂任直時出罵坐語，叔厚謂子可以詩紀事否，翌日戲成長句〔1〕

朱何王鄧偶婆娑，晚喚寒甥共笑歌〔2〕。煩惱少因知事少〔3〕，吃拳多為打人多。竹間豪逸多酣暢，鬥下文章競拂摩。好是花時省風雨，勸人沉醉是天和。

〔校注〕

〔1〕仰止：朱仰止。又作朱仰之。王洋有《喜仰之至》《寄朱仰之》等詩，沈與求《龜溪集》卷二有《過卞山次韻朱仰止澗亭絕句》。此詩前作「仰止」，後作「仰之」亦是明證。　　格夫：即鄭物，字格夫，號古愚。信州貴溪縣人。與兄佶同登紹興三十年進士第。歷監察御史，仕至少府少監。叔厚：即鄧叔厚。王洋有《二月九日訪仰之聞德茂與婿鄧叔厚早作逍遙溪》。王十朋《詩集》卷二五亦有《十一月十日會於六客堂者十人，宋子飛、徐致雲、辛茂卿、鄧叔厚、莫子登、俞仲明、許子齊、沈虞卿、鄭壽叔，酒三行予賦》。

〔2〕寒甥：古代為姑之子、舅之子、妻之兄弟、姊妹之夫的通稱。《爾雅·釋親》：「妻黨。姑之子為甥，舅之子為甥，妻之兄弟為甥，姊妹之夫為甥。」

〔3〕自注：謂德茂。

元日倦臥書齋聞僧食未敢歌鼓聲作繼以清唱感而戲作

早鶯聲轉雜危弦〔1〕，驚散書窗午枕眠。大法鼓聲胡部曲〔2〕，摩登伽戲野狐禪〔3〕。眼中顛倒迷情事，世上縱橫使鬼錢〔4〕。爛煮瓠壺鍾鼎食〔5〕，山堂誰道獨翛然。

〔校注〕

〔1〕危弦：急弦。《文選·張協〈七命〉》：「撫促柱則酸鼻，揮危弦則涕流。」李善注：「鄭玄《論語》注曰：『危，高也。』侯瑾《箏賦》曰：『急弦促柱，變調改曲。』陸機《前緩歌行》曰：『大客揮高弦。』意與此同也。」唐袁朗《秋夜獨坐》詩：「危弦斷客心，虛彈落驚禽。」

〔2〕大法：佛教語。謂大乘佛法。《妙法蓮華經·序品》：「今佛世尊，欲說大法，雨大法雨，吹大法螺，擊大法鼓。」胡部：唐代掌管胡樂的機構。亦指胡樂。胡樂從西涼一帶傳入，含有西涼樂等成分，當時稱「胡部新聲」。《新唐書·禮樂志十二》：「倍四本屬清樂，形類雅音，而曲出於胡部。」

〔3〕摩登伽：即摩登伽女。古印度摩登伽種的淫女。梵語指游民。《楞嚴經》卷一：
　　「阿難因乞食次，經歷淫室，遭大幻術，摩登伽女以娑毗迦羅梵天咒，攝入
　　淫席。淫躬撫摩，將毀戒體。」野狐禪：禪宗對一些妄稱開悟而流入邪僻者
　　的譏刺語。據說從前有一老人談因果，因錯對一字，就五百生投胎為野狐。
　　後遇百丈禪師點化，始得解脫。見《五燈會元・馬祖一禪師法嗣・百丈懷海
　　禪師》。

〔4〕使鬼錢：《太平御覽》卷八三六引三國魏杜恕《體論》：「可以使鬼者，錢也。」
　　《晉書・隱逸傳・魯褒》：「諺曰：『錢無耳，可使鬼。』」本言錢能驅使鬼神，
　　營私枉法，無往不可。後因蔑稱錢財為「使鬼錢」。宋黃庭堅《次韻胡彥明同
　　年羈旅京師寄李子飛》：「原無馬上封侯骨，安用人間使鬼錢。」

〔5〕瓠壺（hù）：一種盛液體的大腹容器。宋趙彥衛《雲麓漫鈔》卷二：「周又有瓠
　　壺，形長一尺二寸六分，闊五寸，口徑一寸，兩鼻有提梁，取便於用。」

酒熟未酌鄉人次第固未及伯氏伯氏因失酒以詩譑之謹繼韻解嘲

　　滿盎濃薰靄綠雲，可憐珍韻不長存。病妻功罷初嘗液，壯士酣餘更
破樽。千日留春傳古昔〔1〕，一宵遺愛有缾盆。明朝試榜揚雄宅，恐有
壺車忽到門。

〔校注〕

〔1〕千日：千日酒之省稱。宋張表臣《珊瑚鉤詩話》卷三：「酒有『若下春』，謂烏
　　程也；『九醞』，謂宜城也；『千日』，中山也；『蒲桃』，西涼也。」

秀實監丞復寄二篇譏商彥不至亦微見及因次韻

　　折除官職是聲稱，利達文章不易並。聯句每容分短韻〔1〕，五言今始
見長城〔2〕。將軍莊畔傷沉甲，處士廬邊笑盜名。我欲抱鋤歸問婦，揶
揄未許餉春耕。

〔校注〕

〔1〕聯句：作詩方式之一。由兩人或多人各成一句或幾句，合而成篇。舊傳始於漢
　　武帝和諸臣合作的《柏梁詩》。南朝梁劉勰《文心雕龍・明詩》：「回文所興，
　　則道原為始；聯句共韻，則《柏梁》餘製。」

〔2〕五言長城：五言長城本意是稱譽善於作五言詩的好手。特指唐代詩人劉長卿。

奉酬秀實報章外以前韻示謔且聞灼艾次韻

早沖料峭別岩扉〔1〕，惜別音容意自知。道上每因同客笑，篋中常恨少君詩〔2〕。飽參靜定推先覺〔3〕，苦炙虛空得下醫。菽韭盤空春睡起，伯仁還遇火攻時〔4〕。

〔校注〕

〔1〕岩扉：岩洞的門。借指隱士的住處。宋陸游《開元暮歸》詩：「茹芝卻粒平生事，回首岩扉一愴神。」

〔2〕篋（qiè）：小竹箱。

〔3〕靜定：指道家的澄心靜慮，守道不離。《雲笈七籤》卷九四：「安在道中，名曰歸根；守根不離，名曰靜定。」先覺：事先認識覺察。《論語·憲問》：「不逆詐，不億不信，抑亦先覺者，是賢乎！」

〔4〕伯仁：晉周顗的字。元帝時為僕射，與王導交情很深。永昌元年，導堂兄江州刺史王敦起兵反，導赴闕待罪。顗在元帝前為導辯護，帝納其言而導不知。及敦入朝，問導如何處置顗，導不答，敦遂殺顗。後導知顗曾救己，不禁痛哭流涕說：「吾雖不殺伯仁，伯仁由我而死。幽冥之中，負此良友！」見《晉書·周顗傳》。後因以「伯仁」代稱亡友。

節日同兒女小集倅有詩見戲答之

白首相看一病妻，也能舉案與眉齊〔1〕。誨兒共織龐翁竹〔2〕，養氣多慚紀渻雞〔3〕。作惡不須嗟室罄，驚魂長幸脫征鼙〔4〕。團欒欲說無生話〔5〕，試借先生刮眼鎞〔6〕。

〔校注〕

〔1〕舉案：舉起托盤以進奉食品。舉案與眉齊：形容夫妻互相尊敬、十分恩愛。《後漢書·梁鴻傳》：「為人賃舂，每歸，妻為具食，不敢於鴻前仰視，舉案齊眉。」

〔2〕龐（páng）翁竹：龐，同「龐」。龐翁，即龐蘊，字道玄，唐代著名的在家禪者。龐蘊曾將數萬家珍拋沉於湘江，捨卻世俗金錢的束縛，偕同妻子、兒女躬耕於鹿門山下，並編製竹器於市場販賣過活。見《五燈會元·馬祖一禪師法嗣·龐蘊居士》

〔3〕紀渻雞：《莊子·達生》：「紀渻（shěng）子為王養鬥雞，十日而問：『雞可鬥已乎？』曰：『未也，方虛憍而恃氣。』十日又問，曰：『未也，猶應響景。』十

日又問，曰：『未也，猶疾視而盛氣。』十日又問，曰：『幾矣，雞雖有鳴者，已無變矣，望之似木雞矣，其德全矣，異雞無敢應者，見者反走矣。』」紀渻子為王所養的鬥雞開始驕悍，後來像木頭所制，並認為鬥雞像木頭一樣不動不驚、神識安逸，才算養到家。其他鬥雞見到它都會嚇跑。後遂以「紀渻木雞、木雞」等稱修養到家，亦用寫呆笨發愣。黃庭堅《養鬥雞》詩：「崢嶸已介季氏甲，更以黃金飾兩戈。雖有英心甘鬥死，其如紀渻木雞何？」

〔4〕征鼙（pí）：出征的鼓聲。亦比喻戰事。前蜀毛文錫《甘州遍》詞之二：「邊聲四起，愁聞戍角與征鼙。」

〔5〕團欒：團聚。唐孟郊《惜苦》詩：「可惜大雅旨，意此小團欒。」無生話：佛教語。指無生無滅的佛法真諦。《五燈會元·馬祖一禪師法嗣·龐蘊居士》：「有男不婚，有女不嫁。大家團欒頭，共說無生話。」

〔6〕鎞（bī）：古代治眼病用的一種器具。《北史·列傳七十二》：「其夜夢見一老翁以金鎞療其祖目。」

和方丞觀棋詩兼戲戎琳二僧

會得頭頭理趣微，此如未會即傾欹。試看一路爭先著，何異三乘占上機〔1〕。但使無心須百勝，多因弄巧陷重圍。條條白黑分明路，苦被旁觀指是非。

〔校注〕

〔1〕三乘：佛教語。一般指小乘（聲聞乘）、中乘（緣覺乘）和大乘（菩薩乘）。三者均為淺深不同的解脫之道。亦泛指佛法。

貴溪尉廳黃梅盛開濃香豐豔非凡品可及尉坐此速招客因成小詩戲之

歌酬花意醉酬春，笑口相逢可厭頻。不飲正疑花怨客，典衣莫聽婦傷貧〔1〕。天生尤物非為福，蚌有明珠亦累身。牆裏佳人牆外笑，冶容招悔豈無因〔2〕。

〔校注〕

〔1〕典衣：典押衣服。唐杜甫《曲江二首》詩之二：「朝回日日典春衣，每日江頭盡醉歸。」亦指飲酒。

〔2〕冶容：豔麗的容貌。漢袁康《越絕書·外傳記計倪傳》：「傾城傾國，思昭示於後王；麗質冶容，宜求監於前史。」

得丁求安書云疊石境于溪心嶸然如江上之磯作二詩戲之〔1〕

其一

心重吳山老，天教閒許長〔2〕。事多因醉遣，心半為山忙。

〔校注〕

〔1〕丁求安：高宗、孝宗時詞人。生平不詳。代表作品有《踏莎行》。

〔2〕天教：上天示意，以為教誨。《晏子春秋·諫上十八》：「日暮，公西面望，睹
　　彗星。召伯常騫，使禳去之。晏子曰：『不可，此天教也。』」

其二

立石標溪界〔1〕，疏荷限水香。此翁三十載，看了幾人忙。

〔校注〕

〔1〕立石：樹立碑石。《史記·秦始皇本紀》：「二十八年，始皇東行郡縣，上鄒嶧
　　山，立石。」

四月二十九日迓伯氏時久渴得雨田父交賀而行客病之戲成二絕〔1〕

其一

本是黃梅雨漲時〔2〕，沙痕褪落不成泥。龍公不費絲毫力〔3〕，收起
鳴車水滿畦。

〔校注〕

〔1〕田父：老農。《尹文子·大道上》：「魏田父有耕於野者，得寶玉徑尺，弗知其
　　玉也。」

〔2〕黃梅：指梅子成熟的季節。

〔3〕龍公：龍王。宋蘇軾《聚星堂雪》詩：「窗前暗響鳴枯葉，龍公試手初行雪。」

其二

盡是行人券內愁〔1〕，鉤輈猿叫雜鵂鶹〔2〕。四時各有宜人處，只怕
蕭蕭風雨秋。

〔校注〕

〔1〕券內：契合於內；務內。王先謙集解引宣穎云：「券，契也。得契合乎內。」
　　陳鼓應注：「務內的人，所行沒有名跡。」

〔2〕鉤輈（zhōu）：鷓鴣鳴聲。唐韓愈《杏花》詩：「鷓鴣鉤輈猿叫歇，杳杳深谷攢
　　青楓。」鵂鶹：羽毛棕褐色，有橫斑，尾巴黑褐色，腿部白色，爪子比較鋒利。
　　外形象鴟鵂，俗稱小貓頭鷹，但頭上沒有角狀的羽毛。喜歡捕食老鼠、兔子等，
　　為夜行性動物，少數時間白天也活動。

投宿震澤僧難之翌日戲成以解〔1〕

　　老將病骨犯煙波，厭聽蓬窗雨作魔。一枕僧房得安夢，受恩真是不
須多。

〔校注〕

〔1〕震澤：湖名。即今江蘇太湖。晉李顒《涉湖》詩：「震澤為何在，今唯太湖浦。」

王亞之見訪知妵父郎中得女戲作〔1〕

其一

　　春風翦彩花開臉，秋水為神玉作肌〔2〕。解使門闌添喜色〔3〕，宜來
何必是男兒。

〔校注〕

〔1〕王亞之：不詳其人。曾幾有《送王亞之》詩。

〔2〕秋水：比喻明澈的眼波。唐白居易《宴桃源》詞：「凝了一雙秋水。」

〔3〕門闌：亦作「門欄」。借指家門；門庭。唐杜甫《李監宅》詩之一：「門闌多喜
　　色，女婿近乘龍。」

其二

　　紅旆欲隨岩桂發〔1〕，丹書應與菊花期〔2〕。功名信是前庭事，浴了
珠娘也未遲〔3〕。

〔校注〕

〔1〕紅旆：紅旗。唐高適《部落曲》：「雕戈蒙豹尾，紅旆插狼頭。」

〔2〕丹書：朱筆書寫的詔書。唐武元衡《奉酬淮南中書相公見寄》詩：「金玉裁玉
　　度，丹書奉帝俞。」

〔3〕珠娘：古越俗呼女孩為珠娘。亦有呼婦人者。南朝梁任昉《述異記》卷上：「越
　　俗以珠為上寶，生女謂之珠娘。生男謂之珠兒。」

前詩似不盡意別成二小詩〔1〕

其一

得意中人嫌太雅,眼胞上捧為多般〔2〕。從今邂逅逢花處,要似茱萸子細看〔3〕。

〔校注〕

〔1〕原案:前詩題云「德茂晨起折花,花枝中眼上,橫衝痛楚,因詩戲之。」
〔2〕眼胞:眼皮。
〔3〕子細:認真、細緻;細心。

其二

已分都將命乞花,恩多成怨莫傷嗟。玉容紅淚猶堪憶〔1〕,纖手拳頭盡好誇。

〔校注〕

〔1〕紅淚:晉王嘉《拾遺記·魏》:「文帝所愛美人,姓薛名靈芸,常山人也……靈芸聞別父母,歔欷累日,淚下沾衣。至升車就路之時,以玉唾壺承淚,壺則紅色。既發常山,及至京師,壺中淚凝如血。」後因以「紅淚」稱美人淚。

圓通至樂亭見月戲留〔1〕

潑黛長空月正濃,與師山路少從容。莫貪豪侈牛心炙〔2〕,來看孤圓馬耳峰〔3〕。

〔校注〕

〔1〕圓通:指圓通寺。喻良能有《題圓通寺至樂亭次待制王公韻》詩。
〔2〕牛心炙:指用牛心做的一種菜肴。喻豪侈。晉代王愷有一頭能快走的牛,叫「八百里駮」,極為珍視。一次,王愷和王濟比射,王濟贏了這頭牛,「叱左右速探牛心來,須臾炙至,一臠便去。」見南朝宋劉義慶《世說新語·汰侈》。
〔3〕馬耳峰:即朐山,在今江蘇連雲港境內,上有雙峰如削,俗稱馬耳峰。另有馬耳山在山東省諸城市西南。北魏酈道元《水經注·濰水》:「濰水又東北,涓水注之。水出馬耳山,山高百丈,上有二石並舉,望齊馬耳,故世名焉。」

聞秀實歸自臨安有新作戲以小詩寄之四首

其一

永豐西角綠絲垂〔1〕，盡日無人可得知。聞道梨園採新曲〔2〕，長安十樣畫宮眉〔3〕。

〔校注〕

〔1〕永豐：即永豐柳。唐時洛陽永豐坊西南角園中，有垂柳一株，柔條極茂，白居易因賦《楊柳枝詞》云：「一樹春風千萬枝，嫩如金色軟如絲。永豐西角荒園裏，盡日無人屬阿誰」。後傳入樂府，遍流京師。唐宣宗聞之，下詔取其兩枝植於禁苑中。後因以「永豐柳」泛指園柳。

〔2〕梨園：唐玄宗時教練宮廷歌舞藝人的地方。因唐玄宗時於梨園教習藝人，後以「梨園」泛指戲班或演戲之所。

〔3〕宮眉：婦女依宮中流行樣式描畫的眉毛。唐李商隱《蝶》詩之三：「壽陽公主嫁時妝，八字宮眉捧額黃。」

其二

宮妝十樣向眉頭，傳道人間不解愁。說與眉端向人意，元和才子舊風流〔1〕。

〔校注〕

〔1〕元和才子：指元和（唐憲宗年號）年間，以白居易、元稹為代表的一些詩人。

其三

才子風流是當家，曾傳舊語到天涯。文章爛漫鋪紅錦，合向天邊弄彩霞。

其四

天邊五色彩霞新，筆下應無筆外塵〔1〕。一曲奏時天一笑，光搖柳宿萬枝春〔2〕。

〔校注〕

〔1〕外塵：佛教語。指色、聲、香、味等外境。南朝梁武帝《淨業賦》：「感外物以動欲，心攀緣而成眚。過恒發於外塵，累必由於前境。」

〔2〕柳宿：星宿名。二十八宿之一，南方朱雀七宿的第三宿，有星八顆。後人常引以詠柳。唐白居易《詔取永豐柳植禁苑感賦》：「定知玄象今春後，柳宿光中添兩星。」

戲伸監院仲宣力甚勤圓老有傳衣之意〔1〕

安樂窩前安樂僧〔2〕，一輪明月一枯藤。與他整頓山林了，更上孤峰第一層。

〔校注〕

〔1〕傳衣：謂傳授師法或繼承師業。唐李商隱《謝書》詩：「自蒙半夜傳衣後，不羨王祥得佩刀。」

〔2〕安樂窩：宋代邵雍自號安樂先生，名其居為「安樂窩」，曾作《無名公傳》自況：「所寢之室謂之安樂窩，不求過美，惟求冬暖夏涼。」又作《安樂窩中四長吟》：「安樂窩中快活人，閒來四物幸相親：一編詩逸收花月，一部書嚴驚鬼神，一炷香清沖宇泰，一樽酒美湛天真。」後泛指安靜舒適的住處。

戲和虞卿〔1〕

君有輕舠恰稱身〔2〕，我家亦有嶺頭雲〔3〕。君雲容易能分我，亦有吾雲可寄君。

〔校注〕

〔1〕虞卿：沈揆，字虞卿。南宋秀州嘉興（今屬浙江）人。紹興三十年（1160）進士。淳熙九年（1182），累官至秘書少監，後遷秘書。擢秘閣修撰、江東轉運副使。光宗即位，奉命使金。歸朝，遷司農卿兼中書舍人。以交結近習圖進用。被劉光祖彈劾，出知寧國府，移知平江府。官終禮部侍郎。著有《野堂集》。

〔2〕輕舠（dāo）：輕快的小舟。

〔3〕嶺頭雲：山頂的雲。唐杜甫《南楚》詩：「無名江上草，隨意嶺頭雲。」

卷　六

鄭剛中

鄭剛中（1088～1154），字亨仲，一字漢章，號北山，又號觀如，婺州金華（今屬浙江）人。高宗紹興二年（1132）進士，授溫州軍事判官。歷任樞密院編修官、殿中侍御史、禮部侍郎、樞密都承旨、川陝宣諭使、川陝宣撫副使兼營田等。紹興十七年（1147），以忤秦檜罷，提舉江州太平興國宮，桂陽居住，徙復州、封州安置。二十四年（1154）卒。有《北山集》30卷。今錄戲謔詩41首。

家有小園，比他處果蓏倍登。或問鄭子，何術致此，告之曰：漢武帝使海上縣官親漁，魚皆不出，其後捐以予民，則魚復來。因知天之生物，本以惠濟窮民。彼富足者不可兼而得也。吾貧甚矣，安知造物者不以是少私之耶。戲為一詩〔1〕

吾聞縣官漁海魚不出，捐以予民魚乃復。天之生物豈無意，殆欲憐貧補不足。吾家元無二頃田，卒歲何人分半菽〔2〕。小園自幸有餘地，背負經書刀鋤斸〔3〕。年來種植類橐駝〔4〕，隨手高低便新綠。魁然瓜芋塞區肥〔5〕，無數桃梅壓枝熟。既收弄暖開須麥，又摘多穰過拳粟〔6〕。雖無蓄積累瓶盎，採掇猶能飫腸腹〔7〕。天於此園非偶然，坐作山居野人祿〔8〕。

〔校注〕

〔1〕果蓏（luǒ）：瓜果的總稱。《易‧說卦》：「艮……為果蓏。」孔穎達疏：「木實曰果，草實曰蓏。」

〔2〕半菽：半菜半糧，指粗劣的飯食。

〔3〕斸（zhú）：挖。「其下常斸掘，種綠豆、小豆。」

〔4〕橐駝：駱駝。

〔5〕魁然：高大貌。

〔6〕穰（ráng）：莊稼豐熟。

〔7〕飫（yù）：飽食。

〔8〕坐作：安然而為。

建炎丁未，自中夏徂秋不雨，七夕日戲成一詩，簡牛郎織女云

今夕知何夕，織女逢牽牛。雲軿擁高漢〔1〕，仙事傳風流。人間適焦
窘〔2〕，龜兆生田疇〔3〕。當時大軍後〔4〕，皆抱糠籺憂〔5〕。我勸二星者
〔6〕，鵲橋無謾遊〔7〕。曷不攀天河〔8〕，駕浪鞭龍頭。共化油然雲〔9〕，
白雨淋九州〔10〕。無庸事機巧〔11〕，下副兒女求。良宵幸款曲〔12〕，願爾
深自謀。無令一年中，虛煩天地秋。

〔校注〕

〔1〕雲軿（pēng）：神仙所乘之車。高漢：指銀河。

〔2〕焦窘：焦，喻乾燥到極點。窘，窮困：窘厄。

〔3〕龜兆：占卜的龜殼顯示的卦象。宋陸游《村舍》詩：「新牆拆龜兆，疏瓦斷魚
鱗。」

〔4〕大軍：指重大的軍事行動。《老子》：「師之所處，荊棘生焉。大軍之後，必有
凶年。」

〔5〕糠籺（hé）：亦作「糠核」。指粗劣的食物。《史記·陳丞相世家》：「人或謂陳
平曰：『貧何食而肥若是？』其嫂嫉平之不視家生產，曰：『亦食糠核耳。』」
裴駰集解：「孟康曰：『麥糠中不破者也。』晉灼曰：『核音紇，京師謂粗屑為
紇頭。』」

〔6〕二星：猶雙星。指牽牛、織女，比喻夫婦。

〔7〕鵲橋：民間傳說天上的織女七夕渡銀河與牛郎相會，喜鵲來搭成橋，稱鵲橋。
常用以比喻男女結合的途徑。

〔8〕曷（hé）：通「盍」，何不，為什麼不。《詩經·有杕之杜》：「中心好之，曷飲
食之。」天河：即銀河。雲漢。《詩·大雅·雲漢》「倬彼雲漢。」

〔９〕油然：盛興貌。《孟子・梁惠王上》：「天油然作雲，沛然下雨，則苗浡然興之矣。」

〔10〕白雨：暴雨。唐李白《宿蝦湖詩》：「白雨映寒山，森森似銀竹。」

〔11〕事機：行事的時機。

〔12〕款曲：猶衷情，誠摯殷勤的心意。漢秦嘉《留郡贈婦》詩：「念當遠別離，思念敘款曲。」

自笑

他人將錢買田園，尚患生財不神速。我今貸錢買僻書〔1〕，方且貪多懷不足。較量緩急堪倒置，安得瓶中有儲粟。自笑自笑笑我愚，笑罷頑然取書讀〔2〕。

〔校注〕

〔1〕僻書：冷僻的書籍；極罕見的書籍。宋計有功《唐詩紀事・溫庭筠》：「令狐綯曾以舊事訪於庭筠，對曰：『事出《南華》，非僻書也。』」

〔2〕頑然：頑固而不知變通貌。

至豫章茂直座上戲書〔1〕

憶與故人分此袂，倒指數年今不啻〔2〕。天涯何意得相逢，一笑向君聊破涕。靜垂雙耳聽韶護〔3〕，濯洗凡襟無鄭衛〔4〕。頻將短燭翦寒花，正恐今宵如夢寐。

〔校注〕

〔1〕茂直：王宣徽之子名正甫，字茂直，監西京糧料院。與邵雍、吳處厚、王平甫友善。

〔2〕倒指：屈指計算。宋劉過《送王東卿歸天台》詩：「枚數人材難倒指，有如公者又東歸。」

〔3〕韶護：亦作「韶護」、「韶濩」。湯樂名。《左傳・襄公二十九年》：「見舞《韶濩》者。」杜預注：「殷湯樂。」孔穎達疏：「以其防濩下民，故稱濩也……韶亦紹也，言其能紹繼大禹也。」一說，舜樂和湯樂。《文選・王中〈頭陀寺碑文〉》：「步中《雅》《頌》，驟合《韶》《護》。」李善注引鄭玄曰：「《韶》，舜樂；《護》，湯樂也。」後亦以指廟堂、宮廷之樂，或泛指雅正的古樂。

〔4〕鄭衛：指鄭衛二國的音樂。秦李斯《上書秦始皇》：「今棄叩缶擊甕而就鄭衛，
　　　退彈箏而取《韶》《虞》，若是者何也？」《南史・蕭惠基傳》：「自宋大明以來，
　　　聲伎所尚，多鄭衛，而雅樂正聲鮮有好者。」

盜焚浦江龍德寺，經藏與卷軸化為玉。諸公談禪論佛，指真畫偽，如泥中洗泥。余竊不取，且火之焚物，無所不壞，獨經卷不隨土木灰爐者，理固灼然，豈俟多談，因戲為一詩。然不可以付寺僧也

　　盜火阿蘭若〔1〕，一燎無餘屋。獨此龍宮書〔2〕，入火變為玉。琤然斷甓中〔3〕，幖帙猶可目〔4〕。眾謂有哲匠〔5〕，秘願發心腹。提斧入崑山，雕鐫作奇福。不然紙墨灰，委地安可觸。或謂刻楮者〔6〕，一葉尚難速。誰能俄頃間〔7〕，就此千萬軸。吾聞一切法〔8〕，萬物皆具足。法存形豈忘，法壞形乃覆。彼既自斷壞〔9〕，智者莫能續。是書佛所傳，法性妙含蓄。無盡如虛空，生滅自興伏。貞嘗無動搖，堅固莫摧辱。文字遂因依〔10〕，清涼逼炎酷。吾又稽儒書，如彼莊周屬〔11〕。亦謂忠信人，水火不能毒。矧此微妙語〔12〕，天人共歸宿。豈容輕破壞，一爇隨土木〔13〕。想當妖焰燃，人驚鬼神哭。煙消火力寒，撥灰開韞櫝〔14〕。告爾緇衣流〔15〕，營修愈宜篤。當求琅玕類〔16〕，刳以函其牘〔17〕。勿謂字畫泯，不可事觀讀。目擊道猶存，況復具輪轂〔18〕。

〔校注〕

〔1〕阿蘭若：梵語的音譯。意譯為寂靜處或空閒處。原為比丘潔身修行之處，後亦
　　　用以稱一般佛寺。

〔2〕龍宮：佛經故事。海龍王詣靈鷲山，聞佛說法，信心歡喜，欲請佛至大海龍宮
　　　供養。佛許之。龍王即入大海化作大殿，佛與諸比丘菩薩共涉寶階入龍宮，受
　　　諸龍供養，為說大法。見《海龍王經・請佛品說》。因以「龍宮」指佛寺。佛
　　　寺為講經說法之所。

〔3〕琤然：聲音清脆貌。甓（pì）：磚，古代又稱「瓴甓」

〔4〕幖（biāo）：量詞，用於書卷。帙（zhì）：包書的布套。潘岳《楊仲武誄》：「披
　　　帙散書，屢睹遺文。」

〔5〕哲匠：泛指有高超才藝的文人、畫家等。也指有高明技術的工匠。

〔6〕刻楮：喻技藝工巧或治學刻苦。《韓非子・喻老》：「宋人有為其君以象為楮葉
　　　者，三年而成。豐殺莖柯，毫芒繁澤，亂之楮葉之中而不可別也。」

〔7〕誰，金華叢書本作「安」。

〔8〕一切法：佛教稱萬有為一切法。亦稱一切諸法。《大智度論》卷二：「復次一切法，略說有三種：一者有為法，二者無為法，三者不可說法。此已攝一切法。」《大智度論》卷二七：「何等是一切法？所謂眼色耳聲鼻香舌味身觸意法，是十二入名一切法。」

〔9〕壞，金華叢書本作「滅」。

〔10〕因依：倚傍；依託。

〔11〕莊周：即莊子。古代哲學家，道家之代表。

〔12〕矧（shěn）：況且。柳宗元《敵戒》：「矧今之人，曾不是思。」

〔13〕槩（gài）：古同「概」。

〔14〕韞櫝：藏在櫃子裏；珍藏，收藏。《論語·子罕》：「有美玉於斯，韞櫝而藏諸？求善賈而沽諸？」何晏集解引馬融曰：「韞，藏也；櫝，匱也，謂藏諸匱中。沽，賣也。得善賈寧肯賣之邪。」邢昺疏：「此章言孔子藏德待用也……言人有美玉於此，藏在櫝中而藏之，若求得善貴之賈寧肯賣之邪。」

〔15〕緇衣：借指僧人。唐劉商《題禪居廢寺》詩：「凋殘精舍在，連步訪緇衣。」

〔16〕琅玕：比喻珍貴、美好之物。比喻優美文辭。唐韓愈《齪齪》詩：「排雲叫閶闔，披腹呈琅玕。」

〔17〕刳（kū）：剖；剖開。《後漢書·華佗傳》：「刳破腹背，抽割積聚。」

〔18〕輪轂（gǔ）：車輪中心裝軸的部分。《晉書·輿服志》：「以彩漆畫輪轂，故名曰畫輪車。」

石季平題李南畫石之傍曰疊石為山已是一重公案況畫者耶鄭子見而笑之明日戲成伽佗問隨緣云隨緣居士即季平道號也

　　筆劃與石疊，二者均是假。惟彼此間山，如疊亦如畫。要當論真空〔1〕，萬物同一馬。隨緣判此公案時〔2〕，不知筆作麼生下〔3〕。

〔校注〕

〔1〕真空：佛教語。一般謂超出一切色相意識界限的境界。

〔2〕公案：佛教禪宗指前輩祖師的言行範例。宋陳善《捫虱新話·讀書當講究得力處》：「古書中頗有贅訛處，便是禪家公案，但今人未嘗體究耳。」

〔3〕作麼生：幹嗎；做什麼。宋歐陽修《六一詩話》：「李白《戲杜甫》云：『借問
　　別來太瘦生，總為從前作詩苦。』『太瘦生』，唐人語也。至今猶以『生』為語
　　助，如作麼生、何似生之類是也。」

楊思恭惠酒作小詩戲之

　　炎炎酷暑日偏長，饞吻常思累百觴〔1〕。封寄瓊醁雖甚美〔2〕，一甕
何以潤枯腸。

〔校注〕

〔1〕饞吻：饞嘴。宋范成大《河豚歎》詩：「朝來里中子，饞吻不待熟。」

〔2〕瓊醁：瓊，美玉。比喻美好的事物。醁，未過濾的酒。杜甫《客至》：「盤飧市
　　遠無兼味，樽酒家貧只舊醅。」

王能甫作葡萄一枝於圓扇之上戲作小詩報之〔1〕

　　妙筆窺天頃刻成，渾如小架月初明。扶疏老蔓敷新葉〔2〕，下蓋累累
紫水晶〔3〕。

〔校注〕

〔1〕王能甫：北宋人，籍貫不詳。吳安持女婿。神宗即位，累官至右正言。主張「紹
　　述」神宗新政、痛治元祐黨人。崇寧元年（1102），與在司諫吳材交章彈劾宰
　　相韓忠彥，稱其變神宗之法度、逐神宗之人材，致使其罷相。又上章攻曾誠、
　　王防，欲中傷宰相曾布。蔡京為相後，歷任試給事中、試禮部尚書、刑部尚書，
　　累官至朝奉大夫、樞密直學士。大觀元年（1107），坐張懷素謀反案，落職奉
　　祠，提舉亳州明道宮。

〔2〕扶疏：枝葉繁茂分披貌。南朝宋劉義慶《世說新語·汰侈》：「枝柯扶疏，世罕
　　其比。」

〔3〕紫水晶：石英的一種。這裡指葡萄果實。

戲題秋香

　　香染鵝黃衣綷縩〔1〕，輕披環佩玉交加。異哉秋氣方淒冷，風露何
能作此花。

〔校注〕

〔1〕綷縩（cuì cài）：象聲詞。衣服摩擦聲。《集韻・泰韻》解釋說：「縩，綷縩，紈
　　素聲。」《漢語大字典》解釋說：「綷縩，象聲詞，多指衣服磨擦時發出的聲音。」

馬伏波請征蠻據鞍矍鑠時年六十一陸鴻漸景陵人早年事比邱後始改業為儒今復州東門外小寺斷碑猶言是鴻漸當時受業院也予去年蒙恩謫桂陽正年六十一今徙復州嘗訪鴻漸之遺蹤戲成一絕〔1〕

　　去年寥落征鞍急，矍鑠殊非馬伏波。今此有緣希陸羽，暮途求佛又何如。

〔校注〕

〔1〕馬伏波：即馬援，字文淵，扶風茂陵（今陝西興平東北）人，東漢著名的軍事
　　家。因功累官伏波將軍，封新息侯。陸鴻漸：即陸羽。唐復州竟陵（今湖北天
　　門）人，字鴻漸，自稱桑苧翁。閉門著書，不願出仕。以嗜茶著稱，並對茶道
　　很有研究，著有《茶經》。賣茶人視為茶神。比丘：亦作「比邱」。佛教語。梵
　　語的譯音。意譯「乞士」，以上從諸佛乞法，下就俗人乞食得名，為佛教出家
　　「五眾」之一。指已受具足戒的男性，俗稱和尚。

數日相識多以荔子分惠荔雨久而酸予方絕糧日買米而炊戲成二十八言

　　窮居無米糝蒿藜〔1〕，筥籠相先送荔枝〔2〕。安得仙人煉丹灶，試將紅玉甑中炊〔3〕。

〔校注〕

〔1〕糝（sǎn）：以米和羹。《荀子・宥坐》：「孔子南適楚，厄於陳蔡之間，七日不火
　　食，藜羹不糝。」蒿藜（hāo lí）：謂住蒿萊蓋的房子，吃藜藿做的食物。形容
　　生活貧困。
〔2〕筥籠：竹籃之類盛器。唐杜甫《野人送朱櫻》詩：「西蜀櫻桃也自紅，野人相
　　贈滿筥籠。」相先：互相遜讓。《禮記・儒行》：「儒有聞善以相告也，見善以
　　相示也，爵位相先也。」鄭玄注：「相先，猶相讓也。」
〔3〕甑（zèng）：古代做飯用的一種器具。賈思勰《齊民要術・作醬》：「於大甑中
　　燥蒸之。」

窘匱中復大雨殊憂悶聞諸僮聚食笑語為賦一絕〔1〕

建瓴敗屋方傾雨〔2〕，垂罄空囊正念饑〔3〕。漸見炊煙多笑語，可憐僮僕太無知。

〔校注〕

〔1〕窘匱：貧困；窘困匱乏。

〔2〕建瓴：即「建瓴水」之省，謂傾倒瓶中之水，形容居高臨下、難以阻擋的形勢。《史記·高祖本紀》：「譬猶居高屋之上建瓴水也。」

〔3〕垂罄：垂，臨近。罄，盡；用盡。垂罄即快要用完了。空囊：無錢的口袋。唐賈島《下第》詩：「下第只空囊，如何住帝鄉。」

戲簡文浩然詩成不往也

臨賀山泉清似政，公廚釀酒色如泉〔1〕。因山相望雖千里，豈是江頭無便船。

〔校注〕

〔1〕公廚：官家的廚房。宋蘇軾《寄劉孝叔》詩：「公廚十日不生煙，更望紅裙踏筵舞。」

廣中菩提樹取其葉用水浸之葉肉盡潰而脈理獨存綃縠不足為其輕也土人能如蓮花纍之號菩提燈見而戲為此絕〔1〕

初疑雲母光相射，又似秋蟬翼乍枯。智慧有燈千佛供，菩提葉巧一孤燈。

〔校注〕

〔1〕綃縠（xiāo hú）：泛指輕紗之類的絲織品。土人：世代居住本地的人。《後漢書·虞詡傳》：「其土人所以推鋒執銳，無反顧之心者，為臣屬於漢故也。」

南方紫笑粗葉大花人稱其香予但聞其如酒敗醯酸有酷烈逼人之氣戲為二十八字記之〔1〕

紫笑花香非所媚，人言香勝亦予欺。初疑丙吉車茵汗〔2〕，又似微生乞得時〔3〕。

〔校注〕

〔1〕紫笑：花名。含笑花有紫白兩種，其花常開不足，彷彿含笑貌。

〔2〕丙吉：亦作邴吉。字光卿，西漢魯國（今山東曲阜）人。自幼學習律令，曾任魯國獄吏，因有功績，被提拔到朝中任廷尉右監（廷尉的高級佐官）。因涉案受株連，被罷官。後來調到長安任獄吏。宣帝即位後任御史大夫、丞相等職。車茵：亦作「車裀」。車上墊的席子，車座墊。《漢書·丙吉傳》：「吉馭吏耆酒，數逋蕩，嘗從吉出，醉歐丞相車上。西曹主吏白欲斥之，吉曰：『以醉飽之失去士，使此人將復何所容？西曹地忍之，此不過污丞相車茵耳。』遂不去也。」顏師古注：「茵，蓐也。」

〔3〕微生：即微生高，姓微生，名高，春秋時魯國人，孔子弟子。當時人認為他為人爽直、坦率。孔子說：「孰謂微生高直？或乞醯焉，乞諸其鄰而與之。」

傅經幹以所業一編出示戲贈一絕〔1〕

萬里一身同影到，自余無物與偕來。篋中驟富人休怪，新得明珠十一枚。〔2〕

〔校注〕

〔1〕傅經幹：不詳其人。《大慧普覺禪師語錄》卷16有《傅經幹請普說》，見《大正新修大藏經》。

〔2〕自注：所惠詩文大小十一篇。

孫立之以酴醾奉太守贈二絕予戲用其韻〔1〕

其一

玉笛曉寒梅片舞，誰可更將春事付。薰然璀璨臥東風〔2〕，亦是小軒清絕處。

〔校注〕

〔1〕孫立之：作者友人。鄭剛中另有《擬為孫立之謝》：「酴醾只作酴醾白，自得新詩添秀色。花頭已是戴恩光，更漬露華無氣力。」

〔2〕薰然：溫和貌；和順貌。《莊子·天下》：「薰然慈仁，謂之君子。」陸德明釋文：「薰然，溫和貌。」

其二

牆裏一區誰氏宅〔1〕，照牆不作夭桃色〔2〕。翠條乞怪玉花繁〔3〕，馨香借與新詩力。

〔校注〕

〔1〕一區：表數量。指一所宅院。《後漢書・劉盆子傳》：「賜宅人一區，田二頃。」誰氏：何人。

〔2〕照牆：即照壁。舊時築於寺廟、廣宅前的牆屏。與正門相對，作遮蔽、裝飾之用，多飾有圖案、文字。夭桃：《詩・周南・桃夭》：「桃之夭夭，灼灼其華。」後以「夭桃」稱豔麗的桃花。

〔3〕乞，四庫本作「競」。

翌日趙守轉以醁醾惠予用前韻謝之

其一

壓架新蕤香未露〔1〕，先得一枝天所付。既得復持平等心，膽瓶轉施愚翁處〔2〕。

〔校注〕

〔1〕蕤（ruí）：《說文》：「蕤，草木華垂貌。」

〔2〕膽瓶：長頸大腹的花瓶，因形如懸膽而名。宋陳傅良《水仙花》詩：「掇花寘膽瓶，吾今得吾師。」

其二

染露檀心嫌粉白〔1〕，數花欲作鵝兒色〔2〕。圖中不為客分春，使君自有分春力。

〔校注〕

〔1〕檀心：淺紅色的花蕊。

〔2〕鵝兒：鵝黃色。

擬為孫立之謝

其一

肯為酴醾題好句〔1〕，句成更肯輕相付。明年公對紫薇花〔2〕，欲得此詩無覓處。

〔校注〕

〔1〕酴醾：見劉敞《探花郎送花坐中與鄰幾戲作七首》注〔9〕。《全唐詩》卷八六六載《題壁》詩：「禁煙佳節同遊此，正值酴醾夾岸香。」

〔2〕紫薇：花木名。又稱滿堂紅、百日紅。落葉小喬木，樹皮滑澤，夏、秋之間開花，淡紅紫色或白色，美麗可供觀賞。

其二

酴醾只作酴醾白，自得新詩添秀色。花頭已是戴恩光〔1〕，更漬露華無氣力。

〔校注〕

〔1〕恩光：恩澤。南朝梁江淹《獄中上建平王書》：「大王惠以恩光，顧以顏色。」

鄰家送蘿菔並借棋具戲作一篇欲簡泮宮後不往〔1〕

有客餉園蔬，借我兼棋局。幽人本多睡，欣起快雙目。念茲兩奩中，勝負等榮辱。勿作勝負觀，此戲殊不俗。要須先生來，一笑供捧腹。余罍猶有酒〔2〕，晚食正無肉。願共南窗風，糝此菜根玉〔3〕。

〔校注〕

〔1〕蘿菔（fú）：即蘿蔔。泮宮：西周諸侯所設大學。《詩·魯頌·泮水》：「既作泮宮，淮夷攸服。」《漢書·郊祀志上》：「周公相成王，王道大洽，制禮作樂，天子曰明堂辟雍，諸侯曰泮宮。」後泛指學宮。

〔2〕罍：古代大腹小口的酒器。

〔3〕糝（sǎn）：以米和羹。《荀子·宥坐》：「孔子南適楚，戹於陳蔡之間，七日不火食，藜羹不糝。」

封州學東池歲率孳魚冬晚粥之用佐養士教授高公補之至以紹興己巳之春夏偶微旱至秋掌計者告匱試出池魚則比舊加三倍得眾謂公躬自臨池魚不化為苞苴故所獲如是觀如居士曰漢武帝時海旁民入租漁海魚不勝計縣官利而取之魚不出捐以予民魚乃再來由是知物之繁夥皆天道益寡之意教授念念以廩餼不繼為憂則盛池魚以豐其入亦天意哉戲賦之〔1〕

縣官漁海魚不登〔2〕，捐以予民魚乃復。一物豐耗皆有道，大抵天心憐不足。先生手持尺二槐，教養專為周王來。旦旦升堂說書罷，只恐廩餼生塵埃。池魚賣錢補司計〔3〕，此是從來學宮例。今年張網牽紫鱗，魚出錢歸稱數倍。青衿摩腹談經史〔4〕，笑謂東池昔無此。豈識先生東海頭，一竿不數任公子〔5〕。

〔校注〕

〔1〕與《家有小園，比他處果蓏倍登。或問鄭子，何術致此，告之曰：漢武帝使海上縣官親漁，魚皆不出，其後捐以予民，則魚復來。因知天之生物，本以惠濟窮民。彼富足者不可兼而得也。吾貧甚矣，安知造物者不以是少私之耶。戲為一詩》相似。孳（zī）：繁殖；生息。苞苴（jū）：苞，通「包」。即蒲包。用葦或茅編織成的包裹魚肉之類食品的用具。廩餼（xì）：舊指由公家供給的糧食之類的生活物資。

〔2〕不登：歉收。《禮記・曲禮下》：「歲凶，年穀不登。」

〔3〕司計：官署名。唐對比部的改稱。掌財物出納稽核。

〔4〕青衿：借指學子。清紀昀《閱微草堂筆記・如是我聞四》：「身列青衿，敗檢釀命。」自注：「科舉時稱秀才為青衿。」

〔5〕一竿：宋時京師買妾，每五千錢名為「一竿」。宋朱彧《萍洲可談》卷一：「京師買妾，每五千錢名一竿。美者售錢三五十個。近歲貴人務以聲色為得意，妾價騰貴至五千緡，不復論個數。」任公子：古代傳說中善於捕魚的人。亦稱任公、任父。《莊子・外物》：「任公子為大鉤巨緇，五十犗以為餌，蹲乎會稽，投竿東海，旦旦而釣，期年不得魚。已而大魚食之，牽巨鉤，錎沒而下，騖揚而奮鬐，白波若山，海水震盪，聲侔鬼神，憚赫千里。任公子得若魚，離而臘之，自制河以東，蒼梧以北，莫不厭若魚者。」成玄英疏：「任，國名。任國之公子。」後常用以指超世的高士。

學山野燒異常，登高望泮宮如在火池中間，泮師率諸生救之下，至齏漿飲食悉以投火，久而撲滅。護持一學固有功，然不豫除草莽絕火路，亦其過也。戲為賦之〔1〕

　　傳道官頗清，防患計微拙。學宮牆外草〔2〕，十里望不絕。芟除失豫備〔3〕，滋蔓久盤結。野燒因風起，四垣俱烈烈〔4〕。堂上簾低垂，飛灰如落雪。夭矯逼簷檻〔5〕，流熛向門闑〔6〕。何但光孔聖，亦已照十哲〔7〕。諸生固猝猝〔8〕，矩步未敢越。相與望而畏，鹿駭驚鷗決〔9〕。似聞先生窘，書籯自提挈〔10〕。傾盆漿一空，戞釜羹亦竭〔11〕。勢過萬輿薪〔12〕，杯水謾毫末。頗欲伏忠信，石壁驗莊列〔13〕。顧茲煙燼高，難試膚與髮。護持終有物，遠近同撲滅。趨涼尋木陰，氣定始焦渴。三日冷官門，炙手猶可熱。先生聽我言，事細不堪忽。徙薪與去草〔14〕，此理同一轍。勿謂草今無，火過茅已茁。

〔校注〕

〔1〕學山：封州學宮之後山。野燒：猶野火。唐嚴維《荊溪館呈丘義興》詩：「野燒明山郭，寒更出縣樓。」宋楊萬里《晨炊叱馭驛觀海邊野燒》詩：「南海驚濤卷玉缸，北山野燒展紅幢。」泮宮：西周諸侯所設大學。《詩·魯頌·泮水》：「既作泮宮，淮夷攸服。」《漢書·郊祀志上》：「周公相成王，王道大洽，制禮作樂，天子曰明堂辟雍，諸侯曰泮宮。」後泛指學宮。齏：搗碎的薑、蒜或韭菜碎末兒。韓愈《送窮文》：「太學四年，朝齏暮鹽。」齏漿飲食：採用天然食物經搗碎並攪拌後製成。

〔2〕學宮：即泮宮。

〔3〕豫備：猶準備。《尉繚子·十二陵》：「無過在於度數，無困在於豫備。」《三國志·吳志·周瑜傳》：「又豫備走舸，各繫大船後，因引次俱前。」

〔4〕四垣：四周的圍牆。唐韓愈《祭湘君夫人文》：「伏以祠宇毀頓……外無四垣，堂階頹落，牛羊入室。」烈烈：猛火炎熾貌。《詩·商頌·長發》：「如火烈烈，則莫我敢曷。」鄭玄箋：「其威勢如猛火之炎熾。」

〔5〕夭矯：舒展屈折貌，也作「夭撟」。《文選·郭璞·江賦》：「吸翠霞而夭矯。」李善注：「夭矯，自得之貌。」

〔6〕門闑（niè）：指門檻。宋朱彧《萍洲可談》卷一：「蔡（景蕃）最柔媚，每太子過門闑，蔡伏地，令太子履其背而登。」

〔7〕十哲：指十位或十數位德才出眾者或某一方面突出的名人。孔子的十個弟子：
　　　顏淵、閔子騫、冉伯牛、仲弓、宰我、子貢、冉有、季路、子游、子夏。自唐
　　　定制，從祀孔廟，列侍孔子近側。開元時，顏淵配享，升曾參，後曾參配享，
　　　升子張。後代又增有若及宋朱熹，合稱「十二哲」。參閱《論語‧先進》《舊唐
　　　書‧禮儀志四》。

〔8〕猝猝（cù）：倉促、匆忙貌。宋蘇舜欽《應制科上省使葉道卿書》：「近年賊羌
　　　暴逆節，廟堂圖帥西攻，思所以折衝制勝者，惘然乏其人，以至詔書數下，猝
　　　猝求索，而才者未甚出，凡近之器往往入充其選。」

〔9〕鹿駭：驚惶紛擾貌。鹿性易驚，故言。漢桓寬《鹽鐵論‧險固》：「如此，則中
　　　國無狗吠之警，而邊境無鹿駭狼顧之憂唉。」南朝梁陸倕《石闕銘》：「忘茲鹿
　　　駭，息此狼顧。」驚鷗：《列子集釋》卷二《黃帝篇》：海上之人有好漚鳥者，
　　　每旦之海上，從漚鳥遊，漚鳥之至者百住而不止。其父曰，「吾聞漚鳥皆從汝
　　　遊，汝取來，吾玩之。」明日之海上，漚鳥舞而不下也。故曰，至言去言，至
　　　為無為。齊智之所知，則淺矣。

〔10〕書簏（lù）：藏書用的竹箱子。唐皮日休《醉中即席贈潤卿博士》詩：「茅山頂
　　　上攜書簏，笠澤心中漾酒船。」宋陸游《發書畫還故山戲書》詩：「昨日遣畫
　　　笥，今日發書簏。」

〔11〕戛釜：刮磨鍋子，碰撞陶器。

〔12〕輿薪：滿車子的柴。比喻大而易見的事物。《孟子‧梁惠王上》：「明足以察秋
　　　毫之末，而不見輿薪。」《列子‧仲尼》：「故學視者，先見輿薪；學聽者，先
　　　聞撞鐘。」

〔13〕莊列：莊子和列子。亦指莊列的學說。唐白居易《禽蟲十二章》序：「莊列寓
　　　言，風騷比興，多假蟲鳥以為筌蹄。」

〔14〕徙薪：化自徙薪曲突搬開灶旁柴禾，將直的煙囪改成彎的。本謂預防火災。後
　　　亦比喻先採取措施，防患於未然。《漢書‧霍光傳》：「人為徐生上書曰：『臣聞
　　　客有過主人者，見其灶直突，傍有積薪，客謂主人，更為曲突，遠徙其薪，不
　　　者且有火患。主人嘿然不應。俄而家果失火，鄰里共救之，幸而得息。於是殺
　　　牛置酒，謝其鄰人……」晉葛洪《抱朴子‧知止》：「徙薪曲突於方熾之火，纜
　　　舟弭楫於沖風之前。」

冬至春不雨元夕後一日雨作邦人甚喜

晴冬釀春溫，氣候如濁酒。我雖六塵清〔1〕，亦若醉一斗。朝來天風雲，高葉聚良久。向晚等甘露，數點斷還有。迤邐萬瓦鳴，飄瀟近窗牖。鬱陶散襟懷〔2〕，秀潤入花柳〔3〕。出門聞笑語，蹈舞皆白叟。指予西江水〔4〕，不可到南畝。十日田無秧，奈此家數口。乃知天地心，慈愛均父母。吾儕拙於言，額上但加手。人窮詩或工〔5〕，肯為作詩否。

〔校注〕

〔1〕六塵：佛教語。即色、聲、香、味、觸、法。與「六根」相接，便能染污淨心，導致煩惱。《圓覺經》卷上：「妄認四大為自身相，六塵緣影為自心相。」宗密疏：「六塵是境，識體是心。」南朝宋鮑照《佛影頌》：「六塵煩苦，五道綿劇。」

〔2〕鬱陶：酣暢貌；欣悅貌。宋沈遘《七言西太乙宮致齋遣興》之一：「城中暑雨方鬱陶，城外秋風已蕭瑟。」

〔3〕秀潤：秀麗滋潤；秀麗澤潤。唐薛逢《與崔秀才書》：「遠想淮山秀潤，水木幽奇，扇枕之餘，謳吟自適。」

〔4〕西江：江名。唐人多稱長江中下游為西江。唐李白《夜泊牛渚懷古》詩：「牛渚西江夜，青天無片雲。」唐元稹《相憶淚》詩：「西江流水到江州，聞道分成九道流。」此指南京市北的長江。

〔5〕此句化用詩人「窮而後工」語。宋歐陽修《梅聖俞詩集序》：「世謂詩人少達而多窮，夫豈然哉！蓋世所傳詩者，多出於古窮人之辭也……蓋愈窮則愈工。然則非詩之能窮人，殆窮者而後工也。」認為文人越是窮困不得志，詩文就寫得越好。

相識有遺予以紫石硯者謂是下岩石名曰玉斗予自湖南再轉之嶺畏行李重滯舊所用委棄不存正以無硯為窘得之喜甚且愛其名捧而戲之曰亞父後爾尚無恙耶為賦此〔1〕

眼如鸜鵒色如肝〔2〕，此語傳聞謾有年。李觀匣中方念往〔3〕，范增撞後豈知全。臨池欲試曾親滴〔4〕，把墨重看未忍研。何幸卻同郴筆句〔5〕，貯雲含霧到封川。〔6〕

〔校注〕

〔1〕再，原作北，據四庫本改。　　亞父：特指范增。《漢書·陳平傳》：「亞父欲急擊下滎陽城，項王不信，不肯聽亞父。」

〔2〕鸜鵒：鳥名。俗稱八哥。《春秋・昭公二十五年》：「有鸜鵒來巢。」楊伯峻注：
「鸜同鴝，音劬。鴝鵒即今之八哥，中國各地多有之。」《淮南子・原道訓》：
「鴝鵒不過濟，貉渡汶而死。」

〔3〕李觀：唐趙州人，字元賓。李華從子。德宗貞元中登進士第。舉宏辭。授太
子校書郎。以文名。屬文不沿襲前人，時謂與韓愈相上下。有集。另有宋人
李觀，字夢符，袁州人。仁宗慶曆二年進士。以著作佐郎知清江縣。歷太學
官，出判處州，請監南嶽廟以歸。淡於世味，終日醉吟玉溪之上，自號玉溪
叟。

〔4〕臨池：《晉書・衛恒傳》：「漢興而有草書……弘農張伯英者，因而轉精甚巧。
凡家之衣帛，必書而後練之。臨池學書，池水盡黑。」後因以「臨池」指學習
書法，或作為書法的代稱。唐杜甫《殿中楊監見示張旭草書圖》詩：「有練實
先書，臨池真盡墨。」

〔5〕郴筆：唐柳宗元作有《楊尚書寄郴筆因獻長韻》。

〔6〕自注：柳子厚《謝楊尚書寄郴筆》有「貯雲含霧到南溟」之句。　　貯雲含霧：
形容未經使用的優質毛筆。唐柳宗元《楊尚書寄郴筆因獻長韻》：「截玉銛錐作
妙形，貯雲含霧到南溟。」

鄰翁以黃菊一本見贈是歲冬暖梅已成蕾以四韻戲菊

　　鄰翁情鄭重，贈我小金錢。半鍤開蒼蘚〔1〕，全根帶曉煙。數花浮酒
面，三嗅種籬邊〔2〕。舍北疏梅近，馨香更勉旃〔3〕。

〔校注〕

〔1〕鍤：鐵鍬，掘土的工具。「鍤，插也，插地起土也」。

〔2〕三嗅：《論語注疏・鄉黨》：色斯舉矣，翔而後集。曰：「山梁雌雉，時哉！時
哉！」子路共之，三嗅而作。宋邢昺疏：「嗅，謂鼻歆其氣。」杜甫《秋雨歎
三首》其一：「堂上書生空白頭，臨風三嗅馨香泣。」

〔3〕勉旃（zhān）：努力。多於勸勉時用之。旃，語助，之焉的合音字。《漢書・楊
惲傳》：「方當盛漢之隆，願勉旃，毋多談。」唐杜甫《秋日夔府詠懷奉寄鄭監
李賓客一百韻》：「困學違從眾，明公各勉旃。」

季天敘為人相宅過余求詩戲書二絕〔1〕

其一

由來南巷獨甘貧，季老徒誇眼有神。未暇相煩展高棟，方圖種德效前人〔2〕。

〔校注〕

〔1〕季天敘：不詳其人。相宅：以觀察地形地物判定住屋吉凶的一種方術。《晉書‧魏舒傳》：「（舒）少孤，為外家甯氏所養。甯氏起宅，相宅者云：『當出貴甥。』」宋何薳《春渚紀聞‧烏程三魁》：「余拂君厚，霅川人也。其居在漢銅官廟後，溪山環合。有相宅者言：『此地當出大魁。』」

〔2〕種德：猶布德。施恩德於人。《書‧大禹謨》：「皋陶邁種德，德乃降，黎民懷之。」孔傳：「邁，行；種，布。」《南史‧宋紀上‧武帝》：「雖文命之東漸西被，咎繇之邁於種德，何以尚茲。」

其二

一區懸罄已偷安〔1〕，常念風波世路艱。若謂他時庇寒士，會須令我作千間〔2〕。

〔校注〕

〔1〕懸罄：亦作「懸磬」。形容空無所有，極貧。《國語‧魯語上》：「室如懸罄，野無青草，何恃而不恐？」唐柳宗元《哭呂衡州》詩：「三畝空留懸磬室，九原猶寄若堂封。」

〔2〕化自唐杜甫《茅屋為秋風所破歌》：「安得廣廈千萬間，大庇天下寒士俱歡顏。」

陝西戲成二絕

其一

邊城土俗自隨宜，物色人情浩不齊。略有江鄉相似處，午煙林下一聲雞。

其二

出門上馬雖所樂，乍見秋風亦念家。何日隨堤霜後路，亂飛榆柳踏平沙。

隨鳳翔有何日在堤霜後路亂飛榆柳踏平沙之句今至堤上復用前韻〔1〕

沐雨抗塵幾萬里，勞生令我憶山家〔2〕。秋風小艇浮棋局，野色侵簾水見沙。

〔校注〕

〔1〕在，金華叢書本作「隋」。

〔2〕勞生：指辛苦勞累的生活。《莊子·大宗師》：「夫大塊載我以形，勞我以生，佚我以老，息我以死。」唐張喬《江南別友人》詩：「勞生故白頭，頭白未應休。」宋王禹稱《惠山寺留題》詩：「勞生未了還東去，孤棹寒蓬宿浪花。」

靈壁驛有方公美少卿留題戲和於壁〔1〕

君把使旌臨洛水〔2〕，我參樞幕過潼關〔3〕。秋風想見吹歸渡，先看淮南第一山〔4〕。

〔校注〕

〔1〕靈壁驛：在今安徽宿縣西北。方公美：字庭實，興化人。其父宣和中嘗為廣南提學以卒。公美後登科，至紹興間，自省郎為廣東提刑，以母憂去官，服闋，復除是職，公美辭以不忍往，秦會之不樂，降旨趣行。公美強勉之官，謝上表云：「三舍教育，先臣之遺愛尚存；一笑平反，慈母之音容未遠。」讀者哀之。已而竟沒於嶺外。

〔2〕洛水：即今河南省洛河。漢揚雄《羽獵賦》：「鞭洛水之宓妃，餉屈原與彭胥。」北魏酈道元《水經注·洛水》：「洛水出京兆，上洛縣歡舉山。」

〔3〕潼關：關隘名。古稱桃林塞。東漢時設潼關，故址在今陝西潼關東南。北魏酈道元《水經注·河水四》：「河在關內，南流，潼激關山，因謂之潼關。」

〔4〕淮南：指淮河以南、長江以北的地區。今特指安徽省的中部。

十一月十三日宿東林是日小雨不見廬山戲留絕詩於方丈〔1〕

濃嵐暮雨隨人密，遠壑幽巒向客慳〔2〕。清曠本吾胸次景，不須雲裏覓衡山。

〔校注〕

〔1〕東林：指廬山東林寺。唐張喬《送僧鸞歸蜀寧親》詩：「高名徹西國，舊跡寄

東林。」宋王禹稱《寄杭州西湖昭慶寺華社主省常上人》詩：「任誇西掖吟紅藥，何似東林種白蓮。」

〔2〕慳：阻滯。

夜坐戲書

窗前寒雨正無邊，案上含花燭影偏。莫念江湖家萬里，一杯徑醉且高眠。

戲題堂前梅

健步移來知未久，危根猶用小欄遮。似能向我憐幽獨，旋放南梢一兩花。

骨肉聞已至廣安而連日有雨甚念之戲成絕句〔1〕

行人未到雨瀟瀟，最苦酴醾葉盡飄。風雨不遮春去路，障泥空滯馬蹄驕〔2〕。

〔校注〕

〔1〕自注：馬惜障泥，或遇雨不肯行。　　廣安：地處四川省中東部。廣安取「廣土安輯」之意而得名。南朝宋永初元年（420），建始安縣。隋改宗成縣。唐更渠江縣。宋開寶二年（969），置廣安軍。

〔2〕障泥：垂於馬腹兩側，用於遮擋塵土的東西。南朝宋劉義慶《世說新語·術解》：「王武子善解馬性。嘗乘一馬，箸連錢障泥，前有水，終日不肯渡。王云：『此必是惜障泥。』使人解去，便徑渡。」唐李白《紫騮馬》詩：「臨流不肯渡，似惜錦障泥。」

最樂居士一日舉兜率說和尚話頭云撥草拈風且圖見性只今性在甚處既得見性便脫生死臘月三十日如何脫得既脫生死便知去處眼光落地向什麼處去觀如居士戲作伽陀云〔1〕

莫疑慮，莫疑慮，順風開帆逆風住。要尋路，要尋路，直西須向東門去〔2〕。但看枯藤倒掛天，山前幾度三春雨。

〔校注〕

〔1〕最樂居士：即晁子誰，字敘我，號最樂居士，據《晁氏宗譜》記載，晁子誰生
於徽宗政和六年（1116）正月二十日，卒於孝宗淳熙五年（1178），贈朝散郎。
有七子，名百談、百詡、百謨、百譽、百嘗、百該、百係。兜率：及兜率天，
亦稱「兜術天」。梵語音譯。佛教謂天分許多層，第四層叫兜率天。它的內院
是彌勒菩薩的淨土，外院是天上眾生所居之處。《法華經・勸發品》：「若有人
受持讀誦，解其義趣，是人命終……即往兜率天上彌勒菩薩所。」晉法顯《佛
國記》：「（佛缽）到天竺已，當上兜術天上。」唐白居易《祭中書韋相公文》：
「靈鷲山中，既同前會；兜率天上，豈無後期？」眼光落地：指人死。宋洪邁
《夷堅支志甲・巴東太守》：「蓋將亡時精神消散，所謂眼光落地者此歟？」觀
如居士：即鄭剛中。伽陀（qié tuó）：亦作「伽他」。梵語譯音。偈。佛經中的
讚頌之詞。伽陀為十二部經之一，亦譯句頌、孤起頌、不重頌。參閱《翻譯名
義集・十二分教》。唐玄奘《大唐西域記・烏仗那國》：「舊曰偈，梵文略也。
或曰偈陀，梵音訛也。今從正音，宜云伽陀。伽陀者，唐言頌，頌三十二言。」
唐玄應《一切經音義》卷二三「伽他」：「此方當頌，或云攝言，諸聖人所作，
莫問重頌字之多少。四句為頌者，皆名伽他。」

〔2〕直西：正西；往西。宋周弼《望太湖》詩：「直西一道孤光起，指點人看是白
龍。」

趙元信近來得小鬟歌曲便須熟寐此還是有所得否予戲成此偈〔1〕

清歌聲裏便高眠，古老詩中借一聯。猿抱子歸青嶂裏〔2〕，鳥啼花落
碧岩前。

〔校注〕

〔1〕趙元信：作者友人。生平不詳。

〔2〕青嶂：如屏障的青山。《文選・沈約〈鍾山詩應西陽王教〉》：「鬱律構丹巘，崚
嶒起青嶂。」呂向注：「山橫曰嶂。」唐杜甫《月》詩之一：「若無青嶂月，愁
殺白頭人。」

相識惠菩提葉燈戲為頌曰〔1〕

我有菩提燈，常照虛室內〔2〕。不用菩提葉，煩他巧裝綴。是燈無盡

夜，光明遍沙界〔3〕。癡風吹不滅〔4〕，業雨漂不壞〔5〕。君如亦須此，市上實無賣。歸向佛堂中，恐有一點在。

〔校注〕

〔1〕菩提：樹名。即菩提樹。唐封演《封氏聞見記・蜀無兔鴿》：「娑婆樹一名菩提，葉似白楊，摩伽陀那國所獻也。」

〔2〕虛室：空室。晉陶潛《歸園田居》詩之一：「戶庭無塵雜，虛室有餘閒。」唐李百藥《登葉縣故城謁沈諸梁廟》詩：「椒桂奠芳樽，風雲下虛室。」

〔3〕沙界：佛教語。謂多如恒河沙數的世界。《文選・王中〈頭陀寺碑文〉》：「演勿照之明，而鑒窮沙界。」李善注：「《金剛般若經》曰：諸恒河所有沙數佛世界，如是寧為多不？」

〔4〕癡風：此處「癡」應理解為佛教「貪、嗔、癡、慢、疑」五大煩惱之一，屬於「思惑」，也叫「修惑」，必須通過人的修行才能斷除。癡，就是愚癡心，指不聽聖賢教導，不遵聖賢之道；不聽佛之教誨，不信佛法真諦。不聽好言勸誡，作惡多端，善惡不分，損人利己，道德淪喪，殺生作惡，自己認為自己很聰明，做盡惡事，妄圖長壽。本詩以「癡風」比喻世間煩惱糾纏。

〔5〕業雨：「業」為佛教術語。音譯羯磨，意指造作、作、行動。這一概念是佛陀從傳統印度宗教中繼承下來的，但佛陀更強調作業者的動機及其修持行為對業的支配作用。從分類上說，有身業（行動）、語業（語言）和意業（動機、意志）三業；從是否以現象表現於外，可以分表業（可見者）與無表業（不可見者）；從生果的性質言，可以分黑黑業（引惡報者）、白白業（引善報者）、黑白業（所報善惡相雜）、不黑不白業（擺脫善惡黑白之無漏業，宗教修習行為）四業。業的理論是佛教學說的基本內容之一，聯繫到佛教對人生，對社會現象，以至對宇宙發生的基本解說。佛教主張無我，如何說明沒有自我主體情況下，造業者與受報者的關係是由來已久，並爭執不下的問題。此處用「業雨」比喻世間因果磨難。